JN011044

# 海外赴任者の労務

給与
社会保険
労働保険

改訂版

CSアカウンティング株式会社 著

Customer
Satisfaction
Accounting

税務経理協会

# はじめに

「わが社の従業員が海外に赴任することになったのですが，従業員の給料計算や社会保険については，どんな手続が必要でしょうか？」

私が所属する会社では，お客様からこういった質問を受けることが最近多くなりました。

海外転勤が日常的に行われている大手の外資系企業であれば，手続の事例や資料も社内にありますし，仕事を教えてくれるベテランの先輩もいることでしょう。

しかし従業員数が少ない企業では，人事部そのものがなく，総務や経理，給与計算も社会保険事務も１人のスタッフで行っていることも比較的多く見られます。このような組織では，社内で実務を教えてくれる先輩もいないですし，他社ではどのように対応しているか調べることも至難の業です。

本書では，そのような少人数の企業で社会保険事務や給与計算を行っている方々が，海外赴任の際に必要な一通りの業務を行えることを目的としています。

海外赴任者本人やその家族，海外に進出する企業の人事担当者，社会保険労務士の皆さんにとって，本書が少しでもお役に立つことができれば幸いです。

本書の出版にあたっては，公認会計士の中尾篤史氏と社会保険労務士の桑原孝浩氏のアドバイスのうえ執筆いたしました。

また，本書の発刊にあたっては，税務経理協会の編集部の吉冨智子様，小林規明様に企画から編集に至るまで大変お世話になりました。

この場を借りてお礼を申し上げます。

平成24年11月吉日　　CSアカウンティング株式会社

執筆者一同

# 改訂版の発行にあたって

本書の初版出版から７年が経過しました。初版出版以降，日本及び諸外国において，様々な法改正がありました。

日本においての変更点の例としては，元号が平成から令和に変わったこと，年金の受給資格期間が25年から10年に短縮されたことなどが挙げられます。

本書の改訂にあたり，記載内容を現況に即したものに修正し，記載例についても最新の書式に差し替えています。グローバルな人の移動が活発化し海外赴任者が年々増加する中で，本書が海外赴任手続の実務に携わる人事の皆様や初めて海外赴任される皆様のお役に立てれば幸いです。

令和２年２月吉日　　　　　　　　　CSアカウンティング株式会社
執筆者一同

# 海外赴任から帰国までの流れ

海外赴任のために必要な準備や手続は，赴任前・赴任中・帰国後でそれぞれ異なります。

この本では押さえておくべき部分を，段階ごとにまとめて紹介しています。

既に海外赴任中の従業員がいらっしゃる企業の方は，必要な部分からお読みいただくこともできるようにしています。

| 赴任から帰国までの流れ | 各段階における重要ポイント |
|---|---|
| **海外進出決定**<br>→第１章　海外進出の決定 | ◎ 現地の労働関係法令やカルチャー<br>◎ 海外赴任の形態（転勤・出向・転籍）<br>◎ 海外赴任規程，同意書の整備 |
| **海外赴任の準備**<br>→第２章　海外赴任の準備 | ◎ パスポートやビザ等，渡航の準備<br>◎ 健康診断，海外旅行保険の加入<br>◎ 住居・学校等，赴任後の生活の準備 |
| **赴任時の手続**<br>→第３章　赴任時の手続 | ◎ 社会保険に継続加入する場合・しない場合<br>◎ 社会保険各種手続<br>◎ 給与から控除される所得税率<br>◎ 通常の年末調整と出国年調の違い |
| **海外赴任中**<br>→第４章　赴任中の手続 | ◎ 現地で必要な届出<br>◎ 赴任中に必要な労務管理<br>◎ 赴任中に日本で課税されるもの，確定申告<br>◎ 海外払い給与の例，海外送金 |

**海外赴任中の退職**
→第５章
赴任中に退職した場合

◎ 社会保険喪失手続
◎ 離職証明書の記載方法
◎ 退職金の課税

**帰国**
→第６章　帰国後の手続

◎ 帰国後必要な届出
◎ 日本で受給できる海外の年金制度
◎ 帰国後の給与計算，年末調整の留意点

**帰国後すぐの退職**
→第６章
1 5　帰国後すぐに退職する場合の失業保険

◎ 社会保険喪失手続
◎ 離職証明書の記載方法

各ページには，次のようなインデックスをつけています。

**社会保険・労務・赴任&帰任に伴う準備関連**

**赴任者**　赴任者が行う手続・準備

**会社**　会社が行う手続・準備

**赴任者&会社**　赴任者と会社両方で行う手続・準備

# 目次
# CONTENTS

# 第3章　赴任時の手続

## 1 社会保険・労働保険に関する手続



## 2 給与に関する手続

# 第4章　赴任中の手続

## 1 社会保険・労働保険に関する手続



## 2 国内法人から支払う給与



## 3 現地で支払う給与

## 2 給与に関する手続



## 3 その他の留意点



本書記載の情報は，一部であり全てを網羅するものではありません。また，情勢や法改正により取扱いが変更になる可能性がありますので，運用の際は最新の情報をご確認ください。

# 第1章

# 海外進出の決定

会社の規模・業種を問わず，海外へ事業展開する企業は年々増えています。

事業展開が決まったら，社員の海外赴任を念頭に入れて，準備を進めなければなりません。

本章では，まず，会社の事業の海外進出が決まったら，人事担当者として何をすべきか，事業所の設置にはどんな手続をしなければならないか，進出先の国に従業員を雇用するためには何に留意すればよいか，従業員を海外に派遣するにあたり事前に社内ではどんなことを整備しておかなければならないか，労務管理上どのような点に留意して進めていくべきかを，順番に説明していきます。

会社

# 1 海外拠点の設置

企業が海外に進出を考える際，とりあえず海外で市場調査をしたい，海外に店舗を作りたい，製造工場を置きたい，カスタマーセンターを設置したい…，等目的は様々かと思います。海外法人・支店・駐在員事務所等，設立形態によって活動内容の範囲が違いますので，適切な形態を選んで拠点設置の準備を進めることが大切です。

## Ⅰ 海外拠点の主な形態

### 1．駐在員事務所

現地での営業活動を行わないことが前提になります。日本本社の一部として連絡業務，情報収集，市場調査，広報活動，販売代理店の支援などの業務を行います。まずは駐在員事務所を設置し，市場調査等を試みた後に支店を設置する方法もよくみられます。

### 2．支　店

日本本社と同一法人になるため，支店の法律行為について本社が全責任を負うことになります。決算は日本本社と合わせて日本で行います。営業活動は可能ですが，国によっては支店の設置そのものが認められていなかったり，外資の出資比率に制限のある分野での活動ができなかったり等の制限があります。

### 3．子会社（現地法人）

進出先国の国内法人になります。製造業では，現地法人の形態をとることが一般的です。

## Ⅱ 会社を設立する場合の資本での分類

### 1．100%子会社

自社の出資のみで設立する完全子会社です。自社の裁量で経営できますが，コストやリスクも全て自社で負うことになります。また，国や分野により外資100％の企業設立が認められない場合があります。

### 2．合弁会社

現地企業等と一緒に設立する企業です。事業コストやリスクを共有し，現地企業の知識やノウハウの相乗効果が期待できる反面，パートナーとのトラブル発生や技術・ノウハウの流出などの問題が起こる可能性もあります。

※　会社設立手続に不備があると営業許可の取り直しや罰金の支払いが生じることもあるため，現地の専門家に相談のうえ，慎重に進めるようにしてください。

※　情勢や法改正により取扱いが変更になる可能性がありますので，手続の際は最新の情報をご確認ください。

会社

# 2 現地の労働法の注意点

日本で労働基準法に違反すると罰則や罰金の対象となることがあるように，進出先の法令により罰則や罰金の対象となることがあります。平成29年10月1日現在の統計で海外に進出している日系企業の総数の中で最も割合の高い中国を中心に記載しています（本項及び次ページ以降の中国関連部分については社会保険労務士法人グローバルHRの小玉潤先生のご協力の元，作成しています）。

## Ⅰ 中　国

### 1．書面による労働契約の締結

中国では労働者の就労開始から１カ月以内に，書面で労働契約を締結することが義務付けられています。この労働契約締結義務が使用者に課せられた重要な義務の１つといえます。労働契約書を締結しないまま，労働者が就労を開始して１カ月を超えた場合，就労開始後２カ月目から書面の労働契約締結の日の前日までの期間（ただし，就労開始から１年間を限度とする），使用者には毎月の賃金と同額の賠償金を別途支払う義務が生じます。さらに書面の労働契約を締結しないまま１年が経過すると，期間の定めのない労働契約を締結したものとみなされます（中国労働契約法14条）。

そのため，労働契約書を締結しないまま１年が経過した場合，使用者は労働者に対し，就労開始の２カ月目から１年目までの11カ月間は賃金と同額の賠償金を支払うことになり，１年経過後からはこの賠償金支払い義務はなくなりますが，労働契約自体が期間の定めのない労働契約を交わしたものとみなされることになってしまいます。

なお，この労働契約書の作成義務は，日本本社から中国現地法人に出向する駐在員にも適用されます。また，パートタイマーを雇用する際は，口頭で労働契約を締結することが認められていますが，トラブル回避のため書面により労働契約を締結することが一般的です。労働契約書に盛り込まなければならない事項については，労働法および労働契約法に定めがありますので確認の上，作成して下さい。

※　中国のパートタイマーとは，時給者かつ１日労働時間４時間以内，かつ１週の労働時間が24時間以内の人を指します。

## 2．経済補償金

経済補償金とは，中国労働契約法46条に基づき，労働契約が一定の条件のもとに終了した場合において，使用者が労働者に金銭で支払うものです。具体的には次に定める事由に該当する場合，労働者に経済補償金を支払う義務が生じますが，労働者が自己都合で退職する場合などでは支払義務はありません。

(1)　賃金不払いなどの理由により労働者が労働契約を解除した場合

(2)　使用者から労働者に対し労働契約の解除を申し出て，かつ労働者との協議により労働契約の解除に合意した場合

(3)　私傷病，能力不足により労働契約を解除した場合

(4)　整理解雇により労働契約を解除した場合

(5)　期間満了に伴い労働契約を終了した場合（労働条件を維持または引き上げても労働者が更新に同意しなかった場合を除く）

(6)　破産などにより労働契約を終了した場合

(7)　法律および法規が定めるその他の事由

経済補償金は，「勤続年数×１カ月分相当の給与額」となるように計算します。「１カ月分相当の給与額」とは，労働契約が終了する直前12カ月の平均賃金を指します。

６カ月から１年未満の場合は１年とし，経済補償金の計算に係る勤続年数の上限は12年となります。なお，勤続年数が６カ月に満たないときは半月分を支払います。また，給与の１カ月分相当の給与額は上限があります。

例えば３年間勤務した場合は，３カ月相当分の給与額に相当する経済補償金を支払うことになります。これに対して13年間勤務した場合は，勤続年数の計算の上限は12年になるため，経済保証金の上限額は12カ月相当の給与額と

なります。

なお，経済補償金は前年度の現地平均年収の３倍以内までであれば個人所得税は非課税ですが，超過した部分は課税されます。すなわち，労働者との紛争の防止のために，良かれと思って企業の判断で上限額を超えて経済補償金を支払うことは自由ですが，上限を超えた部分については個人所得税が課税されます。個人所得税については会社が源泉徴収します。

## ３．秘密保持

中国ではいわゆる営業秘密のことを「商業秘密」と呼んでいます。この商業秘密は日本と同様，①秘密として管理されていること，②営業上または技術上有用な情報であること，③公然と知られていないことの３要件を満たした場合に，反不正当競争法で保護される情報となります。従業員により商業秘密が漏洩した場合，会社（権利者）は，商業秘密についての安全管理措置を講じたこと，商業秘密が侵害されたことを，証拠を添えて立証する必要があります（中国反不正当競争法第32条）。

そのため，会社は商業秘密を保全することができるように常日頃から適正な管理体制を整備しなければならないことは当然として，会社の商業秘密を守るためにも，会社は従業員の入社時において，労働契約の中に秘密保持についての特約をしっかりと具体的に盛り込んでおく必要があります。

## ４．就業規則

労働法の規定に基づき，使用者は就業規則を制定する義務を負っています。また，就業規則を制定・変更する場合，まずは労働者代表大会を開催するまたは労働者全員と議論をする必要があり，その後，制定案または改定案を出し，労働組合または労働者代表との議論調整を経て，規則を決定し，労働者全員に開示（開示とは社内掲示板等にアップすること）および告知（告知とは労働者個人に対し就業規則の全内容を伝えること）して，ようやく発効します。そのため，日本における就業規則の制定・改定手続以上にしっかりとした手続きを丁寧に履行する必要があります。また，法律上，制定された就業規則は管轄労働行政部門の届出を行う必要があり，これには改定された場合は除かれるのですが，顧問弁護士および当局と事前に相談したうえで，改定された場合でも日本と同様に届出を行うことをお勧めします。

## Ⅱ アメリカ

期間の定めのない労働契約の場合，At-Will-Employment（随意雇用）により雇用主と従業員の両方の自由な意志に基づいて成り立っているとされます。つまり，正当な理由があれば，従業員および会社のいずれからも自由に労働契約が解除できるものとされています。

ただし，期間の定めがある労働契約については，お互いの意思で書面にて契約を行うため，契約期間中は従業員および会社のいずれからも労働契約の解除はできないものとされています。

## Ⅲ 香　港

労働契約は口頭でも可能ですが，トラブル回避のために書面で締結しておくことが一般的です。必ず明確にしておくべき事項として，

1．給与（時給，残業手当やその他の手当を含む）
2．給与計算期間および支払日
3．契約終了前の予告期間
4．年末手当を支給する場合の金額および算定期間

などがあります。

また，2011年5月には最低賃金法が施行されました。2019年5月1日より最低賃金額は時給37.5香港ドルとなっています。

（香港労働局のホームページより）

会社

# 3 現地の社会保険法

日本で働く場合は，外国人従業員にも社会保険の加入が義務付けられることと同様に，海外赴任者に対しても現地で社会保険の加入が義務付けられるケースがあります。

社会保険の加入義務があるのに未加入のままでいると，罰則や罰金が科せられることもあります。赴任地の社会保険の適用条件についてもチェックし，加入漏れのないようにする必要があります。

## Ⅰ アメリカ

### 1．公的な医療制度

公的な医療制度としては，主に下記２点が挙げられます。

・ メディケア（Medicare）：65歳以上の高齢者や一定の障害者等向けの医療保険制度

・ メディケイド（Medicaid）：低所得者，子ども，妊婦，老人，障害者等を対象とした医療扶助制度

これらに該当しない人については，民間の医療保険に加入する必要があります。

### 2．医療保険改革法

2010年３月に成立した医療保険改革法（通称オバマケア）により，フルタイム勤務の従業員数が50名以上の企業に対しては，対象従業員を医療保険に加入させていない場合は罰金が科せられるようになりました。しかし，トランプ大統領の就任以降，オバマケアの見直しがなされており，2019年１月１日以降は罰金が科せられなくなっています。アメリカの医療保険は今後も変更が続くとみられるため，赴任が決まったら最新の状況を確認するようにしましょう。

### ３．ソーシャル・セキュリティー（SS：Social Security）

米国政府が行っている社会保障制度で，米国内で就労して得た収入から，受給資格を満たす年数分の社会保障税を納付した場合に，年金（Retirement）などの社会保障を受けることが可能です。加入するためには，社会保障番号（SSN：Social Security Number）の取得が必要になります。

社会保障税を一定期間納付すると，日本に帰国した後でもアメリカの年金が受給できることがあります。詳細は第６章[1]３「アメリカ年金の受給」をご参照ください。

## Ⅱ 中　国

中国の社会保障制度は，社会保険・社会救済・社会福祉・住宅補助・軍人優待などで構成されています。中国で働く外国人に対しては，2011年10月15日より，社会保険（養老，医療，失業，労災および生育の５保険）の加入が義務付けられています。社会保険料納付の際の社会保険料率は各地区によって異なります。企業が社会保険料を納付しなかった場合には，滞納金や罰金等の支払義務が生じる場合があります。

2019年９月１日，年金保険料負担の軽減，両国間の人的・経済的交流の促進，および日中平和友好条約締結40周年の節目ということから，運用開始に向けて準備してきた社会保障協定がいよいよ発効しました（社会保障協定についての詳細は第３章[1]５「現地の社会保険加入が不要に—社会保障協定」をご参照ください）。日中社会保障協定において二重加入が不要となる制度は，具体的には日本においては，国民年金および厚生年金制度，中国においては日本の厚生年金保険に相当する被用者基本老齢保険制度（职工基本养老保险）が対象となります。そのため，中国の年金制度以外の社会保険制度である医療保険，労災保険，生育保険および失業保険については，加入免除を受けることはできないため，協定発効後も現地の法令に基づき引き続き加入が継続されます。

協定により，一次派遣者について，両国の社会保険制度において保険料負担の大きい年金制度について，二重加入の回避が図られることとなり，日本企業の競争力を向上させるなど大きな恩恵をもたらすことになります。しかし，協定によって二重加入については回避が成し遂げられたとはいえ，年金加入期間の通算についてはいまだ調整が図られていません。これは，中国側がこれまで他国との間で締結してきた社会保障協定において通算規定を設けていないこと，将来的に通算規定を設ける可能性を排除してはいないこと，まずは協定を発効することを優先することから，今回の協定では見送られることになりました。また，医療保険などの他の分野も協定の対象外です。この年金期間（保険期間）の通算問題などについては，協定発効後の運用を見極め，今後の両国間の協議に委ねられることになります。

会社

# 4 海外赴任の形態について

海外赴任には大きく分けて，①海外事業所（支店）等への転勤，②海外現地法人等への出向（在籍出向），③海外現地法人等への転籍（移籍出向），のケースがあります。

## Ⅰ 転　勤

転勤とは，同一企業内の異なる事業所への配置転換で，転居や通勤時間の変更を伴うケースが一般的です。

従業員の配置転換を行う際には，次の条件を満たしていると配置転換命令が事業主の権利濫用とみなされにくくなります。

・　労働契約締結時に，勤務場所の特定についての合意がなされていない。
（雇用契約書等に勤務場所や職種を変更しないという記載がある場合等は，配置転換に対して従業員の同意が必要になります。）

・　労働契約締結時に，転勤命令に従う旨の誓約書を提出している。

・　就業規則に配置転換に関する規定がある。

・　過去に他の従業員も転勤したことがある。

上記に対して，配置転換命令が事業主の権利濫用とみなされ，配置転換命令が無効とされやすい例としては下記が挙げられます。

・　業務上，配置転換をする必要性がない場合
（配置転換して業務を行う必要性がない場合，配置転換先に欠員がない場合，配置転換先の業務に増員の必要がない場合等）

・　退職に追い込むことを目的としている場合等，配置転換命令が他の不当な動機・目的をもってなされた場合
（退職勧奨の拒否に対する嫌がらせ等）

・　従業員に対し，通常甘受すべき程度を著しく超える不利益を負わせる場合
（重度の傷病により特定の病院に通院する家族がいる場合，親の介護が必

要な場合等)

※　育児介護休業法26条により，労働者を転勤させようとするときには，転勤により育児や介護を行うことが困難となる労働者について配慮が必要です。

就業規則については，海外転勤では，日本国内とは法律も習慣も違う環境になることもあり，従業員に与える負担も大きくなるため，国内転勤の規定を準用することは避けた方が無難です。

また，海外転勤の内示をする際に，配置転換の理由の説明や，配置転換に伴う利害得失を労働者が判断するための必要な情報を企業が提供をしていなかった場合も，配置転換が無効とされる可能性があるため，下記のような配慮が必要です。

・　会社のパンフレットや入社説明会等で，海外進出している事業の内容や海外勤務の可能性について説明しておく
・　就業規則に海外勤務規程を設け，海外転勤の際の労働条件をあらかじめ明確にしておく
・　労災特別加入や民間保険の加入等，海外勤務中に万が一のことがあったときのための補償制度を確立しておく

## Ⅱ 出向（在籍出向）

出向（在籍出向）とは，出向元企業に在籍したまま出向先企業に赴いて，出向先企業の指揮命令により労務を提供する形態で，原則として元の企業に復帰することが予定されている場合のことをいいます。子会社や関連企業への経営指導や技術指導等，様々な場面で活用されています。法的には，指揮命令権等，労働契約上で使用者が有する権利の一部を出向元から出向先に譲渡するものとされています。

**図表1　出向（在籍出向）**

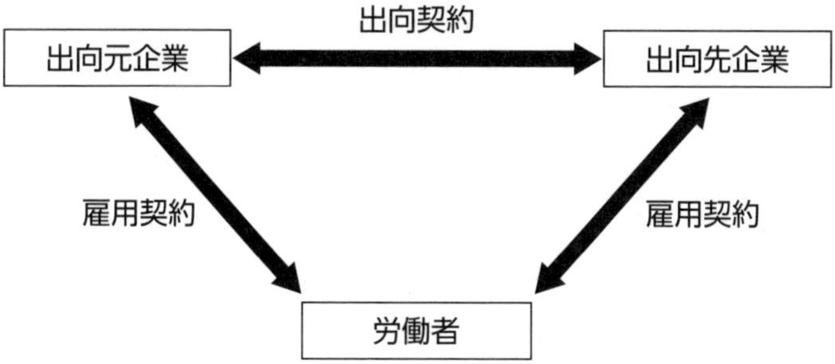


労働者が希望して入社した会社とは全く別の会社の指揮命令下で労務を提供することから，労働者の個別の同意または就業規則上の根拠なしに出向命令をすることはできないとされています。例えば，一般的に国内出向では，就業規則に「出向させることがある」という内容の記載があれば，従業員の個別具体的な同意なしに出向命令をすることは可能ですが，記載がない場合には，従業員に個別の同意を得る必要があります。

ただし海外出向については，従業員に与える負担が大きくなることから従業員の個別の同意は就業規則の記載にかかわらず必要なものと認識しておいた方がよいでしょう。

出向は労働者の同意について転勤よりも厳格に解釈されるため，出向規程に「会社は業務上の必要性に基づいて，従業員に対し出向を命じることがある」と規定したうえで，

① 具体的な出向先

② 出向先における基本的な労働条件

③ 出向元への復帰に関する事項

等，出向に伴う利害得失を労働者が判断するために必要な情報をあらかじめ明示しておくと，従業員の納得を得やすくなり，後々のトラブル防止につながります。

※　転勤と同じく，業務上の必要性がなかったり，嫌がらせと判断されたり，育児介護

休業法26条に抵触するとき等は，出向命令が無効とされる場合があります。
※　労働契約法14条（出向）では「使用者が労働者に出向を命ずることができる場合において，当該出向の命令が，その必要性，対象労働者の選定に係る事情その他の事情に照らして，その権利を濫用したものと認められる場合には，当該命令は，無効とする。」と規定されています。

## Ⅲ 転籍（移籍出向）

転籍（移籍出向）とは，雇用先の企業から他の企業へ籍を移して業務に従事する形態をいいます。元の会社との労働契約関係が終了し，別会社と新たに労働契約を結ぶものになり，一般的に元の会社に復帰する前提はないものとされています（企業グループ間における転籍では，復帰を前提としている場合もあります)。出向のように労働契約の一部が元の会社から転籍先に譲渡されることがないため，転籍後の法律関係が複雑になる可能性は比較的低いとされます。

図表2｜転籍（移籍出向）

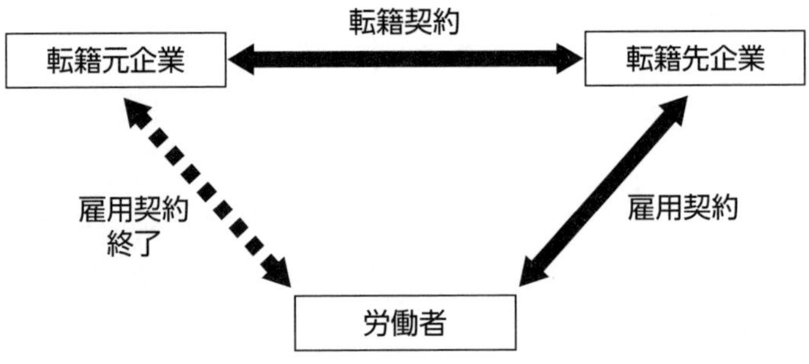


従業員に転籍命令ができる根拠としては，就業規則に転籍させることがある旨の記載があることが前提ですが，転籍の場合はそれだけで強制することはできず，必ず従業員の個別の同意が必要とされます。同意は口頭でもかまいませんが，後のトラブル防止のために「転籍同意書」等の書面を交わしておくことが望ましいとされます。

労働者はあくまで元の会社と雇用契約を結んでいることから，本人の同意がなければ転籍を強制することはできず，本人が転籍（退職）を拒否しても懲戒処分はできないことになります。

転籍の内示を拒否した従業員を他の部署へ配置転換すると，配置転換により労働条件が下がる場合等は，配置転換命令が事業主の権利の濫用とみなされる可能性があります。十分に従業員の状況を確認のうえ，打診しましょう。

会社

# 5 海外赴任規程の整備

従業員を海外に赴任させる際には労務管理や社会保険，各種ベネフィットの面で国内の赴任とは異なった対応が求められます。

## I 海外赴任規程の必要性

企業にもよりますが，海外赴任の内示が出てから実際に赴任するまでの期間は１～３カ月と短いことが一般的です。この間，赴任者は日本での業務の引継ぎや渡航・転居の準備などで多忙なこともあり，自分自身の処遇や労働条件について適切に把握していないまま赴任してしまうケースも多くみられます。

そういった急な海外赴任があっても，人事担当者が海外赴任者の労務管理・社会保険の取扱い・各種ベネフィットについて常に正しい対応や説明ができればよいのですが，実際には制度に詳しいスタッフの不足や人事担当者の入替わり等で，海外赴任者に対する適切なケアができず対応が手薄になってしまうケースもあるようです。

このような状況の中で海外赴任についての取扱いの定めがない場合，海外赴任者やその家族からその都度，現地や日本の人事担当者へ問い合わせがくることになります。このことが赴任者やその家族のストレスになってしまうことはもちろん，人事担当者の負担も増大することになります。また個別対応に頼りすぎると，同じようなケースでも取扱いに整合性が取れなくなってしまい，従業員によって異なる労働条件になってしまう可能性があります。

企業にとって海外赴任が初めてのケースになる場合，その後の海外赴任についても最初のルールを適用することが多いため，実際に海外赴任の内示を出す前に，就業規則や海外赴任規程を適切に整備しておくことが理想的です。前項「4　海外赴任の形態について」で述べたように，規程内容を日頃から従業員に周知しておくことにより，赴任命令が事業主の権利の濫用とみなされたり従業員から赴任を拒否されたりするリスクも低くなります。

## Ⅱ 海外赴任規程を新しく作成する場合

初めて規程を作成する際に，他社の規程や書籍・インターネットに掲載されている規程例をそのまま利用したり，他のいくつかの会社の規程の内容を抜粋して自社の規程を作成したりするケースがよくみられます。しかし結果として，企業の規模や業種，そのときの情勢に合わない内容になってしまったり，内容が矛盾する条文の寄せ集めにより整合性が取れなくなったり等，運用に支障が出てしまうこともあるようです。

そこで，まずは過去に実際に海外赴任のケースがあった場合は，当時の人事部内での連絡文書や従業員への案内文書等を集めてみて，既にルールとして定着しているものはそのまま規程に反映したり，異なる指示が出ているものは見直したり等，内容を精査したうえで規程を作っていくことが必要です。

また，海外赴任の給与や手当の支払方法が所得税や社会保険料に影響することもあるため，海外赴任規程の作成を外注する場合には，労務と税務の両方の専門家がいる機関に依頼することが理想的です。

## Ⅲ 海外赴任規程の見直しをする場合

一度施行された就業規則・規程や定着したルールの基準を引き下げる場合は，労働契約法10条の就業規則の変更による労働条件の不利益変更とみなされる可能性があるため，慎重に対応する必要があります。

特に，給与や各種手当等の賃金額に直結する変更は，一般に不利益の程度が大きいとみなされるため，変更の合理性について慎重な検討をする必要があります。これに対して，会社が負担した海外旅費により発生したマイレージの取扱いのような間接的なベネフィットの変更やその他合理的な範囲での変更であれば，不利益の程度はそれほど大きくないと考えられます。

いずれにしても規程を変更する際は，事前に従業員に十分な説明をする必要があります。また，従業員にとって不利益な変更になる場合は，既に海外赴任中や現在赴任準備中の従業員に対しては既得権を保証したり，一定期間は従来の規程やルールで対応したりする措置を設ける等，不利益の範囲を最小限にとどめることが大切です。

## Ⅳ 現地の労働法

外国人が日本で勤務する場合，労働基準法・労働安全衛生法・最低賃金法等強行法規である日本の労働保護法規は，事業主が日本人であるか外国人であるか，また日本法人であるか外国法人であるかを問わず適用されます。

これと逆のことが海外赴任の際にも適用され，海外勤務者には日本の労働基準法等だけではなく，現地の労働法規も適用されることとなります。

よって海外赴任規程の労働時間・休日・休暇等の労働条件にかかわる部分については，「海外勤務者は，海外勤務地の労働時間・休日・休暇等の労働条件に従い勤務する」のように記載することが一般的です。また，現地での実際の労務管理については，現地の人事部門に指示を仰いだり，必要に応じて専門家のアドバイスを受けたりする等，慎重な対応が必要になります。

## Ⅴ 海外赴任規程の例

ここでは海外赴任の規程例を紹介します。企業の規模・業種や，出向・転籍のケースにより必要な内容が異なりますので，それぞれの事情に合わせた規程を整備するようにしてください。

**第1章　総　則**

この規程は，就業規則第○条に基づき，海外事業所および海外支店に勤務する者（以下，「海外勤務者」という）に関する取扱いについて定めたものである。

（定義）
第1条　この規程において海外勤務者とは，原則として海外事業所または海外支店に1年以上の勤務を命じられた社員をいう。

（勤務先）
第２条　海外事業所とは，当社の海外事務所および海外支店等をいう。

（所属）
第３条　海外勤務者の海外勤務中の所属は，○○会社国際事業部とする。

（勤務期間）
第４条　海外での勤務期間は原則として３年以内とする。
２　前項の規定にかかわらず，業務上の必要に応じて海外での勤務期間を短縮または延長することがある。

（勤続年数）
第５条　海外勤務期間は，当社の勤続年数に算入する。

（赴任・帰任）
第６条　会社は，旅券・査証取得や渡航前健康診断および予防接種等，渡航に必要な手続のため，海外勤務者に対し必要な措置を命じることができる。海外勤務者は，会社の指示に従い速やかに所定の手続を完了しなければならない。
２　帰国を命ぜられた海外勤務者は，所定の期間内に事務引継ぎを完了し，帰国しなければならない。

（扶養家族帯同）
第７条　海外勤務者は，会社の許可を得て，扶養家族を帯同または呼び寄せることができる。
２　前項において，帯同または呼び寄せをできる家族は，原則として配偶者および扶養している子とする。ただし，特別の事情があり会社が認めた場合は，その他の家族についても帯同または呼び寄せをできることがある。

（基本的心得）
第８条　海外勤務者は，海外勤務地の法令を遵守し，会社の指示命令を守り，職務上の責任を自覚し，誠実に職務を遂行するとともに職場の秩序の維持に努めなければならない。

（遵守事項）
第９条　海外勤務者は，就業規則の服務規律と併せて次の点に留意して勤務しなければならない。

① 会社の信用と名誉を維持・向上させること
② 勤務する国の法律を遵守すること
③ 勤務中は職務に専念し，みだりに勤務の場所を離れないこと
④ 安全・衛生に十分留意のうえ，危険な行動を慎むこと
⑤ 健康管理に留意のうえ，自己管理を徹底すること
⑥ トラブルが生じた場合は，速やかに会社に報告のうえ，会社からの指示に従うこと
⑦ 現地採用の従業員との人間関係に配慮し，協調性をもって業務の遂行に努めること

## 第２章　労働時間・休日・休暇等

（労働条件）
第10条　海外勤務者は，海外勤務地の法令および服務規律，労働時間・休日・休暇等の労働条件に従い勤務するものとする。

（休暇の種類）
第11条　海外勤務者の休暇は次の通りとする。
① 年次有給休暇…勤務先の規程・慣習に従う。ただし日本国内の規定に満たないときは，日本国内の規定の定めによる。
② 赴任休暇…海外勤務を命令されたものに対し，出国する前に日本国内において５日の赴任休暇を与える。
③ 着任休暇…海外勤務者に対し，勤務地に到着してから３日の着任休暇を与える。
④ 帰任休暇…海外勤務者が任期を終了して日本に帰国したときは，３日の帰任休暇を与える。

（一時帰国）
第12条　独身者および家族を帯同している者で，赴任後２年を経過しさらに１年以上海外勤務が予定される者については，１年間につき１回，往復の所要日数を除いて１週間以内の一時帰国を認める。この場合，帯同家族を同伴することができる。
２　単身赴任者で，赴任後１年を経過しさらに１年以上海外勤務が予定される者については，１年間につき１回，往復の所要日数を除いて５日以内の一時帰国を認める。
３　業務出張のために帰国し，帰国中に５日以上の年次有給休暇を取得したときは，一時帰国をしたものとみなす。

（慶弔一時帰国）

第13条　海外勤務者およびその帯同家族が次の事由に該当した場合は，一時帰国を認めそれぞれ特別休暇を与える。特別休暇日数には往復の所要日数は含まないものとする。

① 海外勤務者本人および配偶者の一親等内の親族が死亡したとき…7日

② 海外勤務者本人が結婚するとき…5日

③ その他特別な事情により会社が必要と認めたとき…会社が認めた日数

（一時帰国の旅費）

第14条　海外勤務者および帯同家族が本規程第11条および第12条に規定する休暇制度を利用して一時帰国する場合は，赴任地から日本国内の自宅までの往復交通費については，原則として最も経済的かつ合理的な方法および経路によるものについて，その実費を支給する。ただし，旅程中における日当，宿泊費は原則として支給しない。

（家族の一時呼寄せ）

第15条　配偶者および扶養している子を有するものが単身赴任し，赴任先での勤務期間が1年を経過し，さらに1年以上の海外勤務が予定される者については，1年に1回に限り配偶者および扶養している子を呼び寄せることができる。

2　前項において呼び寄せることができる日数は，往復の所要日数を含め2週間以内とする。

3　往復交通費および宿泊費については，原則として最も経済的かつ合理的な方法および経路によるものについて，その実費を支給する。

## 第3章　赴任・帰任旅費

（赴任・帰任旅費）

第16条　海外勤務者が赴任のため日本を出発する日から任地に到着する日までの期間，および帰任のため任地を出発する日から日本に到着する日までの期間の旅費に対しては，海外出張旅費規程を準用する。

2　前項において，帯同する家族については，海外勤務者の資格に準じて交通費および宿泊費の実費を支給する。

（荷造運送費）

第17条　海外勤務者の赴任または帰任に伴う荷物の発送における所要輸送費は，次の範囲内で会社がその実費を負担する。

① 運送は原則として船便とする。ただし，会社が認めたときは航空便を利用で

きる。

② 荷物は赴任先での日常生活必需品に限ることとし，自動車・ピアノ・動植物等の輸送費は各自の負担とする。

（支度金）

第18条 海外勤務者が赴任または帰任するときは，次の基準により支度金を支給する。

① 赴任の場合…別テーブルに定める。

② 帰任の場合…赴任の場合の50%とする。

## 第4章 給 与

（海外給与）

第19条 海外勤務者の海外基本給，各種手当等については別途，海外給与規程に定める。

（国内給与）

第20条 海外勤務者の国内給与については別途，海外給与規程に定める。計算期間，支払方法等については日本国内の給与規程を準用する。

## 第5章 福利厚生

（医療保険）

第21条 海外勤務者およびその帯同家族は，会社が用意する海外旅行傷害保険等を利用することにより海外勤務地での医療に備えるものとする。なお，海外旅行傷害保険等の保険料は会社が全額負担する。

2 海外勤務地の法令の定めより加入が必要な医療保険の保険料は全額会社が負担する。ただし社会保障協定等により加入が免除される場合は，その定めに従う。

（医療費）

第22条 海外でかかった医療費のうち，保険による補償を超過した額および医療保険適用外の治療費は原則として会社で全額負担する。

2 前項により医療費を会社が全額負担した後で国内医療保険等から医療費の還付を受けたときは，還付された額を会社に返納しなければならない。

（社会保険）

第23条 海外勤務者の厚生年金保険・健康保険・雇用保険等の社会保険については，会社において継続加入する。保険料の自己負担分は国内給与から控除する。

（労働災害補償）
第24条　海外勤務者に関しては，会社は労災保険について，労働者災害補償保険法に従い海外派遣者特別加入制度に加入する。

（健康診断）
第25条　海外勤務者は，赴任前，帰任後，および海外勤務期間中年1回，会社が定める検査項目について健康診断を受け，その結果を会社に報告するものとする。健康診断の費用は全額会社が負担する。
2　帯同家族の健康診断は，希望に応じて海外勤務者に準じた取扱いをする。

（慶弔金）
第26条　海外勤務者に慶弔事があったときは，慶弔金規程に基づき，慶弔金を支給する。

（住宅調達費用）
第27条　海外勤務地において住宅の調達に要する費用，帰任に伴う費用については全額会社が負担する。

（海外住宅家賃）
第28条　海外勤務地にて居住する住宅の家賃については，海外給与規程に定める上限の範囲内で会社が負担する。

（留守宅管理）
第29条　海外勤務者の赴任中の，日本国内の国内残置荷物，留守宅の管理費用については，海外給与規程に定める上限の範囲内で会社が負担する。

**第6章　その他**

（規程外事項）
第30条　本規程に定めのない事由が発生したときは，その都度詮議して定めることとする。

**附　則**

この規程は，令和○年○月○日より施行する。

## Ⅵ 海外出向・転籍同意書記載例

従業員が海外赴任に同意したことを書面に残しておくと後々のトラブルを防止できます。

**出向同意書記載例**

令和○年○月○日

＿＿＿＿＿＿＿＿＿＿殿

代表取締役社長　○○○○

出　向　内　示　書

就業規則第○条により，次の通り出向を内示します。

| | | |
|---|---|---|
| 出向先 | 会社名 | |
| | 所在地 | |
| | 事業内容 | |
| 出向期間 | 出向期間　令和　年　月　日～令和　年　月　日<br>ただし，業務の必要に応じ期間を短縮または延長することがある。 | |
| 出向条件 | 出向先での業務 | ○○業務 |
| | 勤務時間 | 出向先の規定による |
| | 週休日・週休日以外の休日 | 同上 |
| | 年次有給休暇，赴任休暇<br>一時帰国，慶弔一時帰国 | 当社の規定による |
| | 賃金・賞与 | 当社の規定による |
| | 社会保険 | 当社で加入 |
| | 労災保険 | 海外派遣者特別加入制度に加入 |
| | 福利厚生制度 | 当社の制度を利用できる |
| 出向中の所属等 | 所属 | 国際事業部付とする |
| | 勤続年数 | 出向期間は当社の勤続年数に通算する |
| 復職時の所属 | 復職時の状況により決定 | |
| その他 | | |

令和○年○月○日

代表取締役社長　○○○○殿

出　向　同　意　書

上記出向内示書記載の通り，令和　年　月　日付で出向することに同意します。

氏名＿＿＿＿＿＿＿＿＿＿

### 転籍同意書記載例

令和○年○月○日

＿＿＿＿＿＿＿＿＿＿殿

代表取締役社長　○○○○

転　籍　内　示　書

就業規則第○条により，次の通り転籍を内示します。

| | | |
|---|---|---|
| 転籍先 | 会社名 | |
| | 所在地 | |
| | 事業内容 | |
| 転籍年月日 | 令和　　年　　月　　日とする | |
| 転籍先での処遇 | 役職 | |
| | 担当業務 | ○○業務 |
| 転籍後の労働条件 | 賃金・賞与 | 転籍先の規定による |
| | 勤務時間 | 同上 |
| | 休日・休暇 | 同上 |
| | 年次有給休暇 | 同上 |
| | その他の労働条件 | 同上 |
| 備考 | 転籍時に，当社退職金規程により退職金を支給する | |

令和○年○月○日

代表取締役社長　○○○○殿

転　籍　同　意　書

上記転籍内示書記載の通り，令和　年　月　日付で転籍することに同意します。

なお，転籍後の労働条件や処遇について，現地の法令や経営環境の変化に伴い，協議のうえ，変更があり得ることを了解いたします。

氏名＿＿＿＿＿＿＿＿＿＿

# 第2章

# 海外赴任の準備

会社の事業の海外進出が決まり，現地法人の設置など事業所にまつわる手続や付随する社内制度の整備が整ったら，現地に派遣する従業員の赴任の準備に取り掛かることになります。

本章では，海外赴任の対象者が決まったら，まず会社が手配すべきことと，従業員が手配すべきこと，状況を共有しながら手配を進めていかなければならない事項を中心に，渡航前にすべきこと，渡航後の生活のためにしておくことについて説明していきます。

# 1　パスポート・ビザ・航空券の手配

海外赴任が決定したら，パスポート，ビザ，航空券の手配が必要になります。

パスポートを取得していない場合は，パスポートの申請をします。また，赴任先の国へのビザ（査証）を取得します。ビザの取得方法は国により様々なので，赴任先が決まった段階で，事前に取得方法を確認しておくとよいでしょう。出国日が確定したら，航空券の手配をします。ビザの取得，航空券の手配については旅行代理店やリロケーション会社に依頼をするなどの対応もあります。状況等を考慮してスムーズに手配をしましょう。

## Ⅰ パスポートの取得

パスポートは，その所持者が日本国民であることを証明する公文書（身分証明書）で，日本からの出国許可証のことです。帰国手続にも必要となります。滞在国の政府，関係諸機関に対し日本政府がその所持者の安全と保護を要請した公文書です（２国間条約および国際的礼譲により相互に内国民待遇，便宜をはかるよう取決められています)。

### １．パスポートの種類

パスポートには，その目的により一般旅券，公用旅券，外交旅券，緊急旅券の４種類があり，通常一般の国民が申請・取得する場合は一般旅券になります。

### ２．パスポートの申請と取得

事前に写真，必要書類等をそろえ，住民票所在地の各都道府県（または市町村）の旅券申請窓口で本人が直接出頭して行います。代理提出をすることも可能ですが，受領には本人の出頭が必須です（代理人についても運転免許証，健康保険証などの本人確認のできる書類が１点または２点必要で，未成年者が申請する場合には，同意書，親権者または後見人の署名が必要です）。

申請してからおよそ1週間ほどで（旅券申請場所により交付までの期間は異なります），旅券申請窓口に本人が出頭して受領します。

## 3．申請に必要な書類

**①　一般旅券発給申請書1通**

用紙は各都道府県（または市町村）の旅券申請窓口に備えてあります。

**②　戸籍抄（謄）本1通**

発行後6カ月以内のものでパスポートの有効期限が切れる前（1年未満）に切り替える際，氏名や本籍地に変更のない場合は省略。

**③　写真1枚**

縁なしの図の規格で正面上半身無帽で無背景で6カ月以内に申請者本人が撮影したもの。

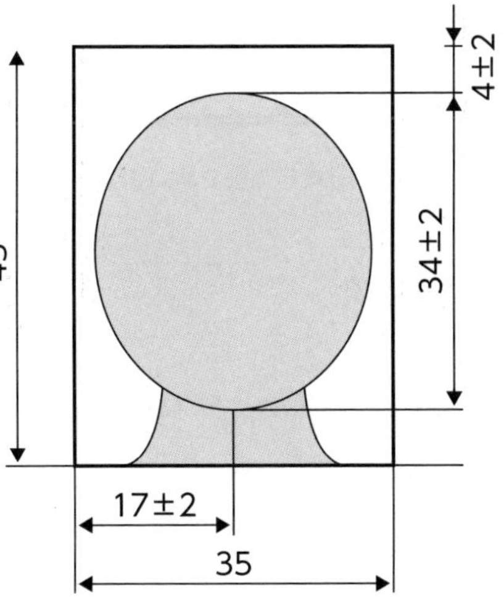


(単位：mm)

**④　身元確認の書類1つまたは2つ**

〈1点提示でよい書類〉

マイナンバーカード，運転免許証，写真付住民基本台帳カード，船員手帳，海

技免状，猟銃・空気銃所持許可証，戦傷病者手帳，宅地建物取引主任者証，電気工事士免状，無線従事者免許証　等

〈２点提示が必要な書類（ＡとＢの各１点，またはＡから２点を提示)〉

Ａ：健康保険等被保険者証，共済組合員証，国民年金手帳，国民年金・厚生年金・船員保険の年金証書，共済年金・恩給等の証書　等

Ｂ：会社の身分証明書・学生証・公の機関が発行した資格証明書（いずれも写真貼付）　等

旅券を以前に取得している人はその旅券の有効期間が１年未満で切り替え申請をする場合，その旅券がないと受け付けられません。期限切れの旅券を所有している人はその旅券も持参します。

住民基本台帳ネットワークシステムの利用開始によってパスポート申請時の住民票の写しの提出は原則として不要になりました。

## ４．受領に必要な書類

① 引換証

② 手数料

※　下記の手数料を指示に従って印紙と証紙で納めます。

## ５．申請についての注意事項

〈10年旅券と５年旅券〉

20歳以上の方は，申請時に10年用と５年用いずれかを選択できます（20歳未満は有効期限５年用のみ)。

〈旅券の手数料〉

有効期限　10年　16,000円

有効期限　５年　11,000円

（申請時12歳未満　6,000円）

### 6．その他

写真はビザの申請や赴任先の諸手続などで必要となることが多いので，多めに用意し，渡航後のパスポート紛失などの事故に備えて，ネガとともに持参する方がよいでしょう。

またパスポート受領後はパスポートの番号，発行年月日を手帳などに記載しておくことも大事です。

（外務省ホームページより）

## Ⅱ ビザ（VISA，査証）の取得

ビザは赴任先の大使館・領事館が本国の規定に基づいて発給するもので，会社または旅行代理店が手配する場合が多いようです。

### 1．申請先

原則として，赴任先の日本大使館または，領事館の査証取扱窓口に申請しますが，アメリカやインドなど，国によっては申請者の居住地を管轄する公館でなければ査証業務を行わないところもあるので，事前の注意が必要です。

必要書類は，国や訪問目的によって異なりますが，一般に下記の書類が必要となります。

① パスポート
② 査証申請書および写真（1～3枚）
③ 会社推薦状
④ その他／申請者の英文経歴書，無犯罪証明書（警察証明書），健康診断書，戸籍抄（謄）本，予防接種証明書など（無犯罪証明書，健康診断書等については，事前に各国在日大使館に問い合わせておきましょう）

### 2．主なビザの取得方法

ビザの取得方法は様々ですが，主に次のパターンに分類されます。

**① 日本で申請手続を行い，ビザを取得したうえで赴任**

該当国：アメリカ（Eビザ）・インド

**② 赴任先で許認可（労働許可）を取得した後に日本でビザを取得・申請し赴任**

該当国：中国（Zビザ），アメリカ（Lビザ），イギリス，フランス，イタリア，オーストラリア，ブラジル，韓国，インドネシア，ベトナム，ベルギー，メキシコ，マレーシア

**③ 日本でビザを取得した後に赴任先で許認可（労働許可等）を取得**

該当国：台湾，タイ，フィリピン

**④ ビザを取得せずに赴任し，現地で取得（赴任後に取得）**

該当国：香港

※ 実際の手続は申請者によって異なることがありますので，必ず関係当局に確認してから手続をしましょう。また，株式会社リロ・エクセルインターナショナル等，ビザの取得代行等の出国時のサポートをする企業もありますので，有効に活用することをお勧めします。

## Ⅲ 航空券の手配

ビザの申請が終わり，ある程度赴任予定日がわかったらいよいよ，航空券を購入します。ビザの取得に思ったより時間がかかる場合もあるので，スケジュール管理はきちんと行いましょう。チケットの種類は色々ありますが，赴任の場合は往復航空券ではなく，片道航空券を購入する場合がほとんどになるので，格安チケットではなく正規運賃のチケットを購入しなければならないことが多くなります。チケットの種類は様々ですので，用途に合ったチケットを購入しましょう。

### 1．航空券の券種

**① 正規運賃航空券（ファーストクラス・ビジネスクラス・エコノミークラス）**

発行日より１年間有効で，予約変更，経路変更，航空会社の変更，払戻しなどが可能です。ただし，エコノミークラスには，途中降機，乗換えに制限があるものも存在します。

**②　IATA正規割引航空券（エコノミークラス）**

IATA（国際航空運送協会）に加盟する航空会社なら，どの航空会社でも利用可能です。周回旅行に利用可能で，有効期間は行き先によって異なります。経路変更，予約変更は不可の場合もあります。また取消し，払戻しには，所定の手数料がかかります。

**③　正規割引航空券（ビジネスクラス・エコノミークラス）**

各航空会社が独自に定めた運賃で，原則，往復とも同一航空会社を利用します。経路変更，予約変更は不可の場合もあります。また取消し，払戻しには，各航空会社所定の手数料がかかります。早期予約・購入（早割り）運賃も販売されています。

**④　格安航空券（ファーストクラス・ビジネスクラス・エコノミークラス）**

様々な制限がつく分，料金が安い航空券で，旅行代理店でのみ購入可能です。チケットタイプは様々なので，詳細は各旅行代理店に問い合わせてみましょう。

## 2．FIXチケットとOPENチケット

**①　FIXチケット**

出発前に利用する全便の予約を確定し，出発後は日程の変更ができない航空券です。

**②　OPENチケット**

出発後に帰国便の日程の変更ができる航空券。出発前に帰国便を確定しなくてもかまいません。

**③　FIX OPENチケット**

出発前に利用する全便の予約を確定する必要があるが，現地にて帰国便の変更ができる航空券。変更の際に手数料がかかる場合もあるので，予約時に要確認。

※　OPENチケットとFIX OPENチケットでは，航空券の種類によって変更できる回数が異なります。

# 2 健康診断

海外赴任が決まったら，赴任前健康診断を受診しなければなりません。
海外赴任期間が６カ月以上になる場合は，法令（労働安全衛生規則）で赴任前および帰国後の健康診断の実施が事業主に義務付けられています。法令で定める赴任前の健康診断は，海外赴任者本人のみの義務ですが，家族帯同の場合は，配偶者，子どもも含め健康診断を受けておいた方がよいでしょう。

## Ⅰ 赴任前健康診断

赴任前の健康診断は，「事業主が」海外にて「従業員を」勤務させる場合に適用されるもので，駐在する場合の赴任者の家族について行う義務はありません。しかしながら，海外で長期滞在が予定される場合は法律で義務付けられた対象者のみならず，帯同する家族についても，受診しておくべきでしょう。

そもそも，赴任地での就労・滞在ビザの手続に健康診断が必要な場合もあります。万が一異常所見があった場合，精密検査を受けたり，治療可能なものであれば治療をし，渡航の時期を変更すべき疾病が見つかった場合は，代替要員の確保も必要となります。

さらには，赴任する国によっては予防接種をする種類，接種する回数もまちまちで手間がかかりますので，出国予定の２カ月くらい前には受診しておくことをお勧めします。

## Ⅱ 受診すべき項目

赴任前健診の法定検査項目は身長，体重，視力，聴力，血圧，尿検査，血液一般検査，心電図，胸部Ｘ線検査などとされていますが，さらに個々の健康状態に応じて詳細な検査を受けておくと安心です。その際に健診結果は英訳して赴任先に持参すると，赴任地で医療機関を受診する際に持参すると重要な情報として役立ちます。

また，すでに持病があり定期的に医療機関を受診している場合は，赴任地での継続治療，症状の変化に備えて赴任前に主治医に英文診断書を作成してもらい，診断書には，これまでの経過や検査値など現地の医師が把握できるよう，できるかぎり詳細に作成しておいてもらいましょう。可能であれば，アレルギー情報や既往歴についても英文で付記されていると非常に有用です。

処方薬は，海外と日本とでは同じ内容の薬でも商品名や含有量が違う場合があるので，正確な一般名・含有量・服用量を記入してもらいましょう。

また，海外の歯科治療費は一般的に非常に高額となりますので，治療可能なものは赴任前に治療を終えておくと安心です。

# 3　予防接種

赴任前の健康診断の受診とともに，必要とされる予防接種の受診が必要です。

予防接種によっては一度では終わらず，数週間おきに何回か接種するものや，赴任先の国や地域によって接種しなければならないもの，推奨されている種類などが異なります。赴任国が決まったら，企業側があらかじめ赴任者と帯同家族に対して，必要な予防接種の種類とスケジュールをお知らせしておきましょう。

## Ⅰ 接種時期

予防接種は渡航前の受診が必須です。現地で受けることも可能ではありますが，途上国では注射器の安全性に不安があるため，渡航前に受けておきましょう。一方で先進国では，まず最初にホームドクターを決めて相談しなければいけないという手間があります。多少出発を遅らせても渡航前に接種することをお勧めします。同時接種という方法を用いると短期間で完了させることが可能です。

## Ⅱ 予防接種の問題点

海外赴任が決まってから赴任までに必要な予防接種をすべて受けることが困難であることが少なくありません。

特に生ワクチン接種後４週間はほかのワクチンを接種できなくなることから，日本国内では最小限の接種しかできずに出国する場合ももちろんあります。したがって一般的にはどんなに早く辞令が下りたところで接種を終えることはできずに，赴任地で継続接種することになる場合もあります。

同じ病気に対する予防接種でも，日本と海外では接種法や接種量が異なることも多いので，必ず医師に相談して次回の接種タイミングなどについて判断を求めましょう。この場合，日本で接種した記録は，できれば英文に翻訳してもらい，現地の病院に持参しましょう。

## 1．大人の場合

赴任先の国により必要とされる予防接種の種類は異なります。

例えば，赤道近辺に赴任する場合，黄熱病ワクチンが必要となります。東南アジアでは国によりますが，日本脳炎やポリオが必要になります。赴任国がどこであっても接種を推奨されるワクチンとしては，以下の４種類があります。

### ①　Ａ型肝炎

Ａ型肝炎は飲み水でも感染するため，途上国に長期（１カ月以上）赴任する場合は特に必要ですが，先進国でも受けておいた方がよいでしょう。

### ②　Ｂ型肝炎

Ｂ型肝炎は血液や体液を介して感染するため，先進国でも移民を受け入れている国（例えば米国）は保菌者が多いといわれるため，これも受けておいた方がよいといえます。Ａ型およびＢ型肝炎予防接種は完了に６カ月を要するため，注意が必要です。

### ③　破傷風

破傷風は土中や動物の糞便中に認められる破傷風菌によっておこる急性感染症で，筋肉の痙攣を特徴とします。破傷風菌は酸素のない場所で発育する菌で，世界中で発生が見られており，年間約５万人の死亡原因といわれています。

菌の発生する毒素は強力な神経毒で，現在でも致死率の高い細菌感染症であるため，接種を推奨されています。

### ④　狂犬病

狂犬病は犬だけでなくリスやこうもりなどの小動物なども保菌しています。噛まれてからでは６～７回接種しなければならないため，渡航前の接種が求められますが，犬のいない地域等，必要がない場合もあります。

一方で，日本では当たり前のように接種していても，海外ではないものもあります。

日本では結核が猛威をふるっているので義務化されているBCGの接種は先進国では罹患率が低いことと，逆に確率は低いもののBCGを接種して結核が発病するリスクがあることから，比較すると接種しない方がよいと判断されているようです。

予防接種は自己防衛です。上に挙げた病気にかかる可能性は極めて少ないと思いますが，受けておけば安心して海外で暮らせるのでお勧めします。受けたら必ず，英文で接種証明を発行してもらってください。

## 2．子どもの場合

日本で一定の年齢において接種を受けることとされているワクチンをすべて接種し終えておくと安心です。

ポリオは日本は４回接種ですが，外国では３～４回なので年齢にもよりますが追加する必要があります。麻疹は通常２回接種です。B型肝炎は日本でも保菌者が数百万人いると推計されています。狂犬病も大人と同じ理由で受けておいた方がよいでしょう。同時接種を用いれば短期間に済ませることができます。子どもについては母子手帳の翻訳と予防接種証明を作成しましょう。

○WHO（世界保健機関）が定める予防接種
　BCG，３種混合（DPT－ジフテリア，百日咳，破傷風），麻疹，ポリオ
○日本における基準
　WHO推奨に加えて，日本脳炎，風疹単独，おたふく風邪単独，水痘，インフルエンザに任意推奨されています。

インフルエンザb（Hib）菌は欧米では幼児期に接種が義務化されています。これは３歳くらいまでにかかると重症脳炎を発症することがあるためです。

また，B型肝炎ワクチンについても欧米では義務化されています。生まれるとすぐ３回接種します。日本ではこれらに加え，小児肺炎球菌，子宮頸がん予防についても予防接種法に基づき，国民に対し予防接種を受けることが勧められ，行政の負担による予防接種が行われています。

そのほかにも，感染症対策や，性感染症への対策も必要と考えられます。

# 4 海外赴任保険の加入

海外赴任の場合，赴任開始前であること，帰国予定があることを確認できれば海外旅行保険を付帯することが可能です。

## Ⅰ 海外旅行保険の概要

海外旅行保険では，赴任先での病気やケガの治療費や入院費に加えて，長期入院した場合に親族が日本から救援に赴く渡航費用，持ち物の破損・盗難や第三者への賠償などが幅広く補償されています。

欧米の医療費は我々が想像する以上に高額な場合があり，海外旅行保険は今や海外生活を快適に送るための必需品ともいえます。

さらに現地提携病院であれば，保険証券や保険契約証を提示するだけで現金不要で治療が受けられるキャッシュレス・メディカル・サービスを受けることができます。

多くの保険会社が扱う海外赴任者用の保険では，事故や急な病気の際に「最寄りの病院の案内・紹介」「病人・ケガ人の移送の手配」「救援者の渡航手続・ホテルの手配」等を行うサービスを提供しています。サポートデスクが24時間年中無休で日本語で対応しているものが多くあります。

## Ⅱ 海外駐在員総合保険の具体例

海外旅行保険をベースとした海外駐在員総合保険という保険プランもあります。海外駐在員総合保険は，旅行中の事故による怪我を原因とする死亡・障害及び障害治療費用を基本契約とし，特約で親族が駆けつける費用等もつけることができます。具体例は右ページをご参照下さい。

| 補償項目 | 補償の内容 |
| --- | --- |
| 傷害死亡・後遺障害<br>傷害治療費用<br>(基本契約) | 赴任から(日本の自宅を出てから)帰国までの間に起きた事故でケガをし，それが原因で半年以内に死亡した場合に，死亡保険金が満額支払われる。あるいは身体に後遺症が残った場合には後遺障害保険金が，傷害の度合いに応じて(割合が決まっている)支払われる。その事故でしたケガの治療費も，ほぼ全額支払われる。保険会社の提携病院であれば，保険証書を見せるだけで，現金がなくても治療が受けられるが，それ以外の病院に入院するときは，預り金(デポジット)を預け入れるか，勤務先の支払い保証書(ギャランティ・レター)を出すようにといわれる場合もある。すぐに保険会社に相談するとよい。 |
| 疾病死亡・治療費用<br>(特約) | 赴任してから帰国直後(帰国から3日間)までの間に発病した場合，その治療費は普通，ほぼ全額支払われる。万が一，その病気で死亡した場合には，死亡保険金が支払われるが，帰国後に長期療養となりそうな場合は，「後遺障害」の名目で処理されることもある。いずれにせよ，保険金査定者(通常は保険代理店の担当者)の裁量範囲がかなりあるので，日頃から取り引きのある保険代理店と契約しておくと，何かと便利である。 |
| 救援者費用<br>(特約) | 赴任国で，あるいは旅行中に事故に遭ってケガをしたり，急に病気になったりしたときは，保険会社の現地事務所や提携アシスタント会社に連絡をとればよい。日本語で救急サービス(24時間無休)を受けられるようになっていて，病院の紹介や救急医療の手配などをしてくれる。しかし，入院したり遭難したりした場合は，親族が日本から現地に駆けつける必要があり，その航空運賃やホテル代，捜索活動などの費用をカバーするのが「救援者費用」の特約である。親族の代わりに日本から医師を呼び寄せる場合(フライング・ドクター)や日本に患者を搬送する場合も，たいていはカバーされる。説明書をよく読むこと。 |
| 緊急一時帰国費用<br>(特約) | 海外赴任中に2親等以内の親族(祖父母，親，兄弟姉妹，子，孫)が死亡，あるいは危篤などで急拠帰国するとき，帰国費用が支払われる。 |
| 生活用動産<br>(特約) | 赴任地の住宅にある家財や身の回り品，あるいは通勤・買い物・旅行などの際に携行しているものが，火災・盗難などによって損害を受けたとき，保険金が支払われる。保険金請求には現地の警察署の証明書が必要となるが，事件後すぐに保険会社の現地事務所か提携アシスタンス会社に処理を頼んでおくとよい。 |
| 家族総合賠償責任<br>(特約) | 失火により借家や家主の家具に損害を与えたり，滞在中のホテルの調度品を破損したりして，法律上の賠償責任を問われた場合，その賠償金をカバーするもの。また，自動車事故による損害賠償金が，掛けていた自動車保険の支払い額を大きく超過する場合など，その超過分をカバーするものもある。子どもがいる場合は，絶対不可欠な特約である。 |

(㈱リロ・エクセルインターナショナル海外赴任Naviのホームページより)

# 5 海外の医療事情

日本にいる場合でも健康には十分気をつけなければなりませんが，海外赴任中は心身ともに負荷が多いため，通常以上にケアが必要です。体調を崩したり病気になったりすると，本人も家族も負担が増え，業務にも支障をきたしかねません。健康を維持するための基本は「バランスのとれた食事，適度な運動，充分な睡眠」など規則正しい生活を送ることではありますが，気候・風土，食習慣など赴任地の生活に早く慣れることも重要です。

## I 赴任国の情報収集

赴任する国や都市が決まったら，まず現地の医療情報や衛生環境に関する情報を集めておきましょう。

基礎的な情報は，外務省，FORTH厚生労働省検疫所，国立感染症研究所，日本旅行医学会などのホームページで参照できます。

また，日本在外企業協会や航空会社，保険会社など，関連する企業・団体などの中には各種の情報を提供しているところが少なくないので利用してみましょう。海外赴任保険のサポートサービスを利用するのも1つの方法です。

また，赴任先の前任者から医療や健康管理に関する体験談などを聞いておくのもよい方法です。教えてもらった現地の医療機関や薬店などをメモしておくと，後で役に立つことが多いでしょう。

## II オープンドクター制

地域にもよりますが，日本と違って多くの国で採用されているシステムがオープンドクター制です。初めての海外生活では戸惑う制度だと思われます。医師の多くは診療所（クリニック）を開業しており，自分の診療時間の割当てに従って総合病院での診療にあたるという仕組みで，大規模な私立総合病院でも独自に抱える医師の数は少なくなっています。

診療を受けるにあたって一番の不安は言葉の問題になります。日本語が通用する医療施設は海外にもあるので，赴任先でそのような施設があるかどうかを事前に調べておくと，特に帯同する家族にとっては安心要素となるでしょう。しかしながら，海外での診療は英語，あるいはその国の言語でなされることが一般的なため，医療関係の単語をある程度覚えておくことをお勧めします。

また診療時には，辞書とメモは忘れずに持参して，医師の言っていることが理解しにくい場合は紙に書いてもらったり，辞書で引いて示してもらったりするとよいでしょう。

## Ⅲ セカンドオピニオン

手術を勧められるなど重大な決断を求められたときには，遠慮せずにセカンドオピニオンをとることを医師に伝えましょう。他の医師の判断を仰ぐことが患者にとって当然の権利であることは，海外の医療では一般的であるので，日本の医療でセカンドオピニオンをとるよりも気軽にできます。

セカンドオピニオンは単に医師の意見を比べるだけではなく，よい医師や相性のよい診察をしてくれる医師を見つけるための手段にもなりうるため，躊躇することなく，要求してみるとよいでしょう。

セカンドオピニオンを得たいときはその旨を医師に伝えて，レントゲン写真や血液検査の結果はもちろん，医師の診断書などできるかぎり多くの資料をそろえるようにします。これらの資料は，次に受ける医療機関では重要な診断資料として利用できるため，同じ検査を繰り返し受けるようなことがなく，まずはその結果を元に診断してもらうことが可能となるためです。もちろん必要であれば再検査や別の検査を選択する場合もありますが，資料があれば，最初の医療機関の検査結果を無視して，すべて再検査をするという無駄が生じることはないでしょう。

## Ⅳ 入　院

入院に際しては，見込まれる治療費に相当する額のデポジット（保証金）を請求される場合があります。すぐにでも入院治療が必要なときなどですが，クレジットカードをデポジット代わりにするか，あるいは海外傷害保険に加入していることを病院側が確認できればデポジットが不要となる場合があります。入院に関わる費用は病室によって注射１本，ガーゼ１枚に至るまですべて異なるため，個室と大部屋では，部屋代のみならずすべての治療費，医師への支払い，手術代，薬代などにつき入院中の費用に大きな差があることは，珍しいことではありません。

## Ⅴ 緊急時の対応

日本にいるときでも緊急時の場合，パニックをおこしてしまいがちなものです。海外，ましては言葉に自信のない土地ではなおさらなため，救急車の呼び方などは日頃から確認しておいたり，住所や電話番号などの基本的な事項については，電話の横などわかりやすい場所にいつも見えるようにしておいたり，基本的なやりとりの会話については練習しておくとよいでしょう。また同僚の自宅電話番号あるいは携帯電話番号も確認しておくと，万が一のときでも安心といえます。

いずれにしても緊急時の連絡先を確認しておくとともに，そのシミュレーションをしておくことが大切です。

海外赴任者の保険に加入している場合，緊急時に救急車の手配から入院手続なども本人や家族などに代わってやってくれるというサービスを行っているケースが多いので，急病などのときはその会社の緊急対応の窓口に電話しましょう。

## Ⅵ 医薬品

医薬品の認可に関しては，多くの国で米国FDA（米食品医薬品局）の基準に準拠してはいますが，一般家庭に常備されているような市販薬に関しても，その有効成分などに大きな違いがあります。海外で販売されている市販薬の場合，その効果が強すぎて日本人には向かない場合が多いという前提をふまえ，ある程度日本から常備薬を持参しておいた方がよいでしょう。

しかしながら，滞在が長期になると，日本から持参したり，定期的に送ってもらったりする医薬品に頼るのは現実的とはいえないので，現地の日本人の知人等に聞いて，日本人が実際に使っている医薬品を試すことも必要です。

また日頃病院などで処方してもらい常用している医薬品については，同じ有効成分でも商品名が異なることが一般的なので，その成分を確認して同じものを現地の医師に処方してもらいましょう。医薬品の商品名は錠剤やカプセルなど小さく表示されていることが多いため，その成分も含めて英語表記をあらかじめ処方した日本の医師に確認しておき，現地の医師に相談したうえで同じものを処方してもらうとよいでしょう。

たとえ医薬品の名前が違っても中身はまったく同じ場合もあるので，最初から同じものはないと決め付けたりせずにぜひ現地の医師に確認を求めましょう。

# 6 住居探し

赴任先での住居選びの視点としては，安全面以外にも通勤距離や渋滞など，交通の利便性への考慮も必要です。また，子どもがいる場合であれば「現地校の学区やレベル，補習校，日本人学校への通いやすさ」も住居を決めるポイントとなります。

赴任先での住居選びは，子どもがいるまたは夫婦のみ，などによってポイントが変わってきます。海外の小中学校では，スクールバスでの通学か両親の送り迎えが原則である場合が多いため，スクールバスの運行路線から大きくはずれた地域や，送り迎えに不向きな遠隔地は学齢期の子どものいる赴任者にとってはそもそも選択の対象外になります。

多くの場合，通勤の便を多少犠牲にしても，子どもの通学を優先することが必要です。

一方で，単身赴任や夫婦のみの家族の場合には選択肢は広く，通勤と日常生活の便利さを優先して家探しをすることが多くなります。必然的に子どものいない赴任者は，市街地の中心部に居住しているケースがどの都市でも多いようです。

日本人が集中して住む住宅地やマンションを選ぶか否かもよく考えた方がよいでしょう。

日本人駐在員が多い地域であれば安心ですが，その一方で狭い日本人コミュニティーのつきあいにストレスを感じてしまう場合もあるからです。

また，セキュリティーの問題は何より優先事項とした方がよいでしょう。

治安のよい住宅地なのか，24時間ドアマンを配置したマンションなのか，などは赴任国によっては大事なポイントになります。

## Ⅰ 現地でのエージェントの利用

実際の家探しは前任者の住居を引き続き借りるか，現地の不動産エージェントに依頼して物件を紹介してもらうかの場合が多く，比較的大きな都市に赴任する赴任者は，エージェントに依頼して自分で物件を探すケースが多くみられます。

この場合，会社の海外赴任規程の住宅の規定をもとに探すことになりますが，注意する点は信頼できるエージェントに依頼することです。

国や都市によって住宅に関する慣習はまちまちで，契約する際に注意する点への的確なアドバイスをしてくれ，入居中や退去時のトラブルにも対応してくれるエージェントに依頼しましょう。

世界の主要都市には，日本語が通じるエージェントも多く，最近では自社のホームページで，現地の物件情報などを紹介しているエージェントも増えてきているので，情報収集に積極的に利用しましょう。

## Ⅱ アパートメントホテルの活用

海外赴任に際して，借りる家が決まる間や，本人のみが先に赴任して家族が後から来るのを待つ場合に利用するケースが多いのがアパートメントホテルです。通常は１カ月以上の滞在から利用可能といわれますが，物件によっては１週間単位の利用が可能なものもあるので，事前に調べておくとよいでしょう。

アパートメントホテルは，ハウスキーピングや24時間のフロントサービスがあり，部屋にはキッチン，洗濯機，調理器具，食器などが完備されています。

ハウスキーピングもホテルのように毎日から１週間に１回というようなリクエストが可能なため，週末は誰にも部屋に立ち入られることなくのんびり過ごしたい，というような要望にも応えてくれる場合が多いので，便利です。

自分が赴任する都市でのアパートメントホテルの情報は，赴任地の同僚などに尋ねるか，日系企業を相手に住宅の斡旋をしている現地の不動産会社に問い合わせてみるとよいでしょう。

## Ⅲ 家　具

海外の賃貸物件は家具付が一般的という地域も多くあります。一般的に「家具付」といえば，ソファーセット，ダイニングセット，ベッド，大型家電（冷蔵庫，エアコン，洗濯機など）が備わっていると考えてよいでしょう。

（この章の1, 2, 3, 5, 6は㈱リロ・エクセルインターナショナル「海外赴任navi」ホームページを参考にしています。）

赴任者

# 7 学校探しと転校手続

海外赴任が決まり，家族帯同となる場合，子女の「学校探し」が必要になります。日本国内での転勤の場合とは大きく異なります。

情報を収集すること，将来的な教育プランを考えるなどをして，学校探しをする必要があります。

## Ⅰ 情報の収集

赴任先の国や，会社からの教育関係の費用負担があるかないかなどで違いが出てくるので，赴任先の国の状況を確認することや，会社から補助があるかどうかをあらかじめ確認したうえで転校先の学校探しをすることになります。

## Ⅱ 日本人学校

現地の日本人会などが中心になって設立した全日制学校のことで，日本政府派遣の教師を中心とする日本人教師が，日本の検定教科書を使用して指導をしています。滞在国の言葉や文化などを理解するための学習や交流会など，海外ならではの教育プログラムも用意されています。文部科学大臣から国内の小中学校の教育課程と同等の教育課程を有すると認められています。

## Ⅲ 現地校

赴任先の国に日本人学校がない場合や，両親が語学に堪能かもしくは現地人である場合，現地校への転校という選択肢があります。

子どもをその国の国民として教育するために設立されている全日制学校（公立・私立）で，就学年齢や学年制が異なるのが普通で，その国の国語を使って指導しています。公立校にはほとんどが通学に際して学区があるので，居住地域によって通う学校が決まってきます。一方，私立学校には，様々な入学資格があるので，事前に詳細の確認が必須です。

言語の習熟度の問題もあって，実際の年齢より下の学年に編入になる場合もありますが，日本の義務教育年齢（中学３年生）までに帰国すれば，まず年齢相当の学年に戻ることができるので，帰国後の心配はありません。

## Ⅳ インターナショナルスクール

赴任国のカリキュラムによらずに多国籍の子どもを教育する目的の学校や，ある国が自国民の子どもに本国同様の教育を施すために設立した外国人学校（米，英，仏，独など）のことをいいます（赴任国側から見れば，日本人学校もその１つです）。設置母体の教育思想や母国の教育制度の影響を強く受けており，使用する言語はもとより，教育課程や学年制なども各学校で異なってきます。私立学校として運営され，幼稚部から高等部までの一貫教育が一般的です。日本の義務教育年齢で帰国すれば，原則として年齢相当の学年に編入することが可能です。

日本人学校が少ないまたは存在しない地域に赴任する場合には，インターナショナルスクールに通わせるケースも多くありますが，インターナショナルスクールは一般的に学費が高く，日本円で年間およそ150万円以上となる場合が多いので，会社からの負担があるかないかも重要となります。

会社からの負担の割合は，全額を負担する企業もあれば，一部負担としている企業もあるなど様々であり，条件として「日本人学校がない場合のみ認める」としている企業もあるので，学校探しと同時に会社の負担があるかないかを確認しておくことが必要でしょう。

## Ⅴ 補習授業校

現地校やインターナショナルスクールに通学する子どもを対象とした学校のことで，土日や平日の放課後に国語や算数を教える学校です。

現地の日本人会が運営しているケースが多く，日本に帰国後，日本の学校にストレスなく適応できるために運営されています。

また，異国の地での交流の場としても，幅広く活用されています。

# Ⅵ 実際の転校手続

## 1．日本で通学中の学校に提出する書類

退学の連絡をします。この場合の形式は自由で，退学理由，渡航先，滞在予定期間，転入学校名（未決定も可）を連絡します。

## 2．学校側に作成してもらう書類

① 海外子女教育振興財団へ提出する書類

教科書給与証明書（転学児童・生徒教科用図書給与証明書）

② 日本人学校へ提出する主な書類

・ 在学証明書（または卒業証明書）

・ 日本人学校と在籍校との間で必要な書類

③ 現地校へ提出する主な書類（公立校）

・ 日本の学校の在学証明書（英文）と過去２～３年間の成績証明書（通知表の英文）

・ パスポート等公式書類による国籍，生年月日等の証明書

・ その学校区に居住する旨を証明する書類（自宅契約書，公共料金の領収書等）

・ 予防接種の証明書（母子手帳等）

# Ⅶ 海外で使用する教科書の入手

海外の日本人学校で使用する日本の教科書は全世界共通です。在留地には新たに入学する児童・生徒の教科書は用意されていないので，出国前に海外子女教育振興財団で受領します。

## 1．教科書の配付時期

教科書は出国１カ月前から，配付されます。ただし小学校下巻の教科書は６月下旬頃，小学校次年度上巻と中学校次年度分は11月下旬頃に入荷するため，この時期に出国する場合は事前に確認する必要があります。

## 2．教科書の受領方法

印鑑（認印）を持参のうえ財団の窓口まで受け取りに行くのが原則です。遠隔地在住者は，事前に電話連絡により郵送してもらうことも可能ですが，送付経費は自己負担です。

## 3．受領の際の必要書類

転学児童・生徒教科用図書給与証明書（学校側に作成してもらいます)。

４月から小・中学校へ入学予定の新１年生で，入学前までに出国する場合，証明書は不要です。

申請書は財団に用意されています。

# 第3章

# 赴任時の手続

海外赴任の準備が進み，いざ，赴任＝出国が決まると，人事担当者としてすべき手続は意外と多く，また煩雑です。

赴任する人すべてが同じ手続ではなく，赴任期間や赴任の際の条件によっても，手続や処理も様々です。

健康保険に雇用保険，労災保険…給与計算，所得税の精算など，国内での処理とは異なる手続も多く発生します。

本章では，社会保険・労働保険・給与計算と分野を分けた上で，赴任時に発生する事項の手続について個別に説明していきます。

# 1 社会保険・労働保険に関する手続

会社

## 1　社会保険の仕組み

会社員等の被用者が加入する被用者保険には，大きく分けて，「社会保険」と「労働保険」があります。

社会保険のうち，病気・ケガ・出産等に対して給付をするのが健康保険で，障害・老齢・死亡に対して給付をするのが厚生年金保険になります。

労働保険では，業務上や通勤上での病気・ケガに対して給付をするのが労災保険，失業や育児休業・介護休業などに対して給付をするのが雇用保険になります。

**図表1　社会保険の仕組み**

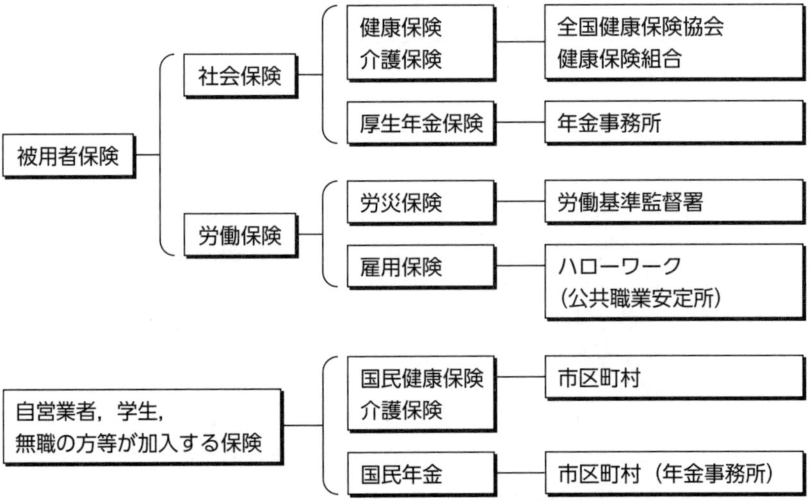

会社

# 2　出向する場合の社会保険資格

出向（在籍出向）では，給与の支払い方法や指揮命令形態等により，社会保険資格の継続や喪失についての取扱いが変わることがあります。

## Ⅰ 社会保険資格

例えば転籍（移籍出向）の形で海外赴任する場合であれば，日本の会社では退職扱いになるため，社会保険の資格は当然に喪失することになり，取扱いについて判断に迷うことはあまりありません。

ただし，出向（在籍出向）の場合は，日本の会社からの給料の支払いの有無により社会保険資格継続や喪失の取扱いが変わることがあります。出向（在籍出向），転籍（移籍出向）等の形態については，第１章４「海外赴任の形態について」をご参照ください。

## Ⅱ 出向者の社会保険の適用関係

いわゆる在籍出向は，出向元事業主と何らかの関係を保ちながら，出向先事業主との間において新たな労働契約関係に基づき勤務する形態になります。よって出向元事業主と労働者間との労働契約とともに，出向先事業主と労働者間に対しても労働契約が成立し，二重の労働契約が発生することになります。したがって，理論的には２つ以上の事業所に雇用されることになります。

ただし，社会保険の適用に関しては，事実上の指揮命令関係の有無で判断されるため，出向元に身分が残っていることや，出向先での勤務期間に期限があり出向元への復帰が約束されていることや，出向先の勤務期間が出向元での勤務期間に通算されるということだけで，出向元での社会保険の適用が当然に認められるものではありません。具体的には，労務の提供・賃金等の支払い・人事管理等により総合的に判断することになります。

## Ⅲ 一般的な解釈

| | |
|---|---|
| 在籍出向 | 〈出向元の国内企業から本給が支払われている場合〉<br>　日本の社会保険資格は継続します。<br>〈出向元の国内企業から本給が支払われていない場合〉<br>　出向元との雇用契約は継続していないとみなされ，社会保険資格を喪失しなければならなくなる可能性があります。<br>　国内企業から支払われているものが各種手当のみの場合，本給の支払いがないために，社会保険喪失とみなされる可能性が高くなります。 |
| 転籍（移籍出向） | 日本の転籍元との雇用契約を終了させて勤務地国の現地法人等との雇用関係のみとなるため，日本での被保険者資格は喪失します。 |

一般的に年金事務所では，日本の会社から直接本人に本給が払われているかどうかで判断しているケースがほとんどになりますが，これらの取扱いは状況に応じて個別に判断されますので，ケースごとに保険者（年金事務所・健康保険組合等）に確認が必要になります。また，同じケースでも年金事務所と健康保険組合で見解が分かれる場合があります。年金事務所と健康保険組合で違う見解が示された場合は，必ず両方に事情を説明し，どちらの方法で手続をするべきか判断をあおぐようにする等，取扱いに整合性をもたせることも必要です。

## Ⅳ 健康保険組合・年金事務所への問合せの例

皆さんも経験があるかと思いますが，問い合わせる際の質問の仕方により，役所からの回答が違ってくる場合があります。適正な取扱いをするためには，問合せの際にできるだけ詳しい説明をしておくことが必要になります。

問合せの例

下記の条件で海外出向をする際，社会保険資格は継続できるでしょうか？

○想定条件
- 日本法人から海外法人に任期１年以上の予定で在籍出向
- 出向先での職務：現地法人の営業
- 労働契約関係：従業員と日本法人の間に雇用契約あり（日本法人と海外法人の間に出向契約あり）

○出向期間中の報酬
・本人の日本法人・現地法人での収入合計は年収450万円
・そのうち現地法人で支給する額は年収288万円（月24万円）
・日本法人では差額の162万円を基本給として支給（月13万5千円）
○指揮命令関係
・毎日の出退勤や有給休暇の使用については現地法人にて管理するが，それ以外の労務管理や業務の指揮命令は日本法人が管理
○日本法人と現地法人の給与負担金の割合
・日本と海外法人それぞれが従業員に支給した額（海外：月24万円，日本：月13万5千円）と同額をそのまま日本と海外の法人が負担
○人事考課
・現地法人での業績を考慮しつつ，日本法人で決定

上記の条件で年金事務所や健康保険組合に問合せをした場合，日本法人から本給が払われていることや，概ねの労務管理が日本法人で行われていることから「社会保険資格は継続になります」と回答される場合が一般的に多くなります（最終的には各保険者が決定しますので，必ず個別に確認するようにしてください)。

ただし，下記のように条件が変わると，社会保険資格は喪失とみなされる可能性があります。

1．出向期間中の報酬：日本法人では基本給は支給せず，諸手当のみ
2．給与負担金の割合：日本法人で支給する基本給（月13万5千円）は立替払いで，後に日本法人から海外法人へ付け替えがされており，実質海外法人で給与全額を負担している場合

問合せをする際には，日本法人から支払われるものが本給なのか諸手当なのか，また給与負担金の割合はどのようになっているかなどについても，細かく伝えるようにしてください。

※　なお，社会保険資格の継続について保険者に確認する際に，あわせて標準報酬月額

の決め方についても確認しておくと，随時改定の該当・非該当の確認をする際に改めて問い合わせる必要がなくなるうえに整合性の取れた回答をもらえることになります。

※　随時改定についての詳細は「社会保険料の月額変更」をご参照ください。

※　雇用保険に関しては，出張や海外支店等への転勤によって国外で働く場合，海外の現地法人等へ出向する場合には，国内の出向元との雇用関係が継続している限り被保険者となります（「雇用保険の事務手続きの手引き　令和元年８月」より）。

赴任者＆会社

# 3　病気やケガに備える

ここから「8　労災保険への特別加入手続」までは，社会保険資格が継続される場合を前提として記述します。

海外で病気やケガをした場合の医療費の精算には，健康保険制度と民間の海外旅行保険の２つの方法があります。

## Ⅰ 健康保険制度と民間の海外旅行保険

### 1．健康保険の海外療養費制度

社会保険の資格を継続して海外赴任をしている場合は，基本的に日本に在住していたときと同じ給付が受けられます※。ただし，海外では日本の健康保険証は使えないため，かかった医療費はいったん全額支払うことになります。その後で，全国健康保険協会または健康保険組合へ海外療養費を請求すれば，実際にかかった医療費から自己負担額を差し引いた額の還付が受けられます。

※　健康保険の海外療養費制度では，治療を目的として渡航し，治療を受けた場合は対象にはなりません。

国内において一般的な治療方法として認められていない処置や，保険が適用されない以下のようなものは海外療養費制度の対象になりません。

(1) 美容整形手術
(2) 健康保険適用外の材料を使用した歯の治療材料や歯列矯正
(3) 自然分娩および産前／産後健診
(4) 人工授精などの不妊治療，性転換手術
(5) 差額ベッド代　など

海外療養費では，日本国内の医療機関等で，同じ傷病を治療した場合に係る治療費の日本の診療報酬点数を基準に計算した額（実際に海外で支払った額の方が低いときはその額）から自己負担相当額を差し引いた額を支給します。

よって，日本で受診したときのように，全体の医療費に対しての自己負担がきっちりと３割にならず，還付額が大幅に少ないこともあります。なお，外貨で支払った医療費については，海外で治療を受けた日ではなく，海外療養費の

支給決定を行う日の外国為替換算率（売りレート）により円に換算し，海外療養費の額を計算します。

### 2．民間の海外旅行保険

海外赴任の場合，会社が民間の海外旅行保険をアレンジするケースも多くみられます。健康保険の海外療養費制度と違い医療費の全額が戻ってくるため，民間の海外旅行保険を利用した方がお得になることが多いようです。

ただし歯科治療については，海外旅行保険が効かない場合も多いため，必要に応じて民間の海外旅行保険と健康保険の海外療養費制度を使い分けて利用することがベストでしょう。民間の海外旅行保険については第２章「4　海外赴任保険の加入」をご参照ください。

## Ⅱ 海外療養費申請書記載例

ここでは健康保険の海外療養費申請書の手続について説明します。

### 1．申込手続

申込の際に下記の①，③，⑤の書類は必ず提出が必要です。また，歯科以外の診療の場合は②診療内容明細書（様式A）が必要で，歯科診療の場合は④歯科診療内容明細書（様式C）の提出が必要です。様式A，B，Cともに，各月ごと，受診者ごと，医療機関ごと，入院・外来後に１枚ずつ医師の証明も必要です。また，それぞれ別添の邦訳を添え，翻訳者の住所・氏名・連絡先を記載し，押印してください。

①～④までの用紙は全国健康保険協会のHPからダウンロードできます。健康保険組合に加入している場合は，各健康保険組合までお問合せください。

〈提出書類〉

① 療養費支給申請書

② 診療内容明細書（様式A）

③ 領収明細書（様式B）

④ 歯科診療内容明細書（様式C）

⑤ 領収証（現地で支払った領収証の原本）

⑥ （②・③が外国語で記載されている場合）翻訳文

⑦ 受信者の海外渡航期間がわかる書類（パスポートのコピー等）

⑧ 同意書（様式D）

〈提出先〉

全国健康保険協会の神奈川支部または健康保険組合

（全国健康保険協会ホームページより）

**ATTENTION**

**！ 海外から申請するときの注意**

全国健康保険協会からは海外へ直接送金したり通知書を送付したりすることはできないため，申請書には日本国内の銀行口座を記入して申請します。赴任に伴い日本の銀行口座をクローズしている場合等は，申請書の受取代理人欄に記入して，本人以外の方に受取りを委任することも可能です。

## ２．申請期限

海外で医療費の支払いをした日の翌日から数えて２年を経過すると，時効により申請ができなくなります。治療してから時間が経つと，医師の方で診療内容明細書等の用意に時間がかかることもあるため，早めに準備し手続を済ませた方が安心です。

## ①療養費支給申請書

# 海外療養費 支給申請書

1 2 ページ　被保険者記入用　海

記入方法および添付書類等については、「海外療養費 支給申請書 記入の手引き」をご確認ください。

届書(申請書)は、楷書で枠内に丁寧にご記入ください。 記入見本 0 1 2 3 4 5 6 7 8 9 ア イ ウ

**被保険者情報**

| | | |
|---|---|---|
| 被保険者証の(左づめ) | 記号 12345678　番号 1234567 | 生年月日 年 月 日　■昭和 □平成 □令和　500101 |
| 氏名・印 | (フリガナ) シーエス タロウ<br>CS 太郎　印 | 自署の場合は押印を省略できます。 |
| 郵便物を受けとることができる住所 | (〒 163 － 0631 ) 東京 都 道 府 県 新宿区○－○－○<br>○ | |
| 電話番号(日中の連絡先) | TEL 03 ( 1234 ) 5678 | |

**振込先指定口座(日本にある口座)**

| | | |
|---|---|---|
| 金融機関名称 | ○○ 銀行 金庫 信組 農協 漁協 その他( ) | ○○ 本店 支店 代理店 出張所 本店営業部 本所 支所 |
| 預金種別 | 1　1. 普通 3. 別段 2. 当座 4. 通知 | 口座番号 1234567　左づめでご記入ください。 |
| 口座名義 | ▼カタカナ(姓と名の間は1マス空けてご記入ください。濁点(゛)、半濁点(゜)は1字としてご記入ください。)<br>シーエス タロウ | 口座名義の区分 1　1. 被保険者 2. 代理人 |

「2」の場合は必ず記入・押印ください。(押印省略不可)

**受取代理人の欄**

| | | |
|---|---|---|
| 被保険者 | 本申請に基づく給付金に関する受領を下記の代理人に委任します。<br>氏名・印　印 | 1.平成 2.令和 年 月 日<br>住所 「被保険者情報」の住所と同じ |
| 代理人(口座名義人) | (〒 － ) TEL ( )<br>住所<br>(フリガナ)<br>氏名・印　印 | 被保険者との関係 |

「被保険者記入用」は2ページに続きます。

被保険者のマイナンバー記載欄
(被保険者証の記号番号を記入した場合は記入不要です)
マイナンバーを記入した場合は、必ず本人確認書類を添付してください。

(2019.5)

受付日付印

| | |
|---|---|
| 社会保険労務士の提出代行者名記載欄 | 印 |

様式番号 661119

協会使用欄 1

全国健康保険協会
協会けんぽ

(1/2)

# 海外療養費 支給申請書

1　2 ページ

被保険者記入用

| 被保険者氏名 | CS 太郎 | 保険者番号 | 1 | 2 | 3 | 4 | 5 | 6 | 7 | 8 |
|---|---|---|---|---|---|---|---|---|---|---|

★保険証の下部に記載されています。

申請内容

| | |
|---|---|
| 1 受診者 | 1　1. 被保険者　2. 家族(被扶養者) |
| 1-① 家族の場合はその方の | 氏名　　生年月日 □昭和 □平成 □令和　年　月　日 |
| 2 傷病名 | 3 発病または負傷年月日 □平成 ■令和 01 年 09 月 01 日 |
| 4 発病の原因および経過(詳しく) | 1　1. 病気 (原因および経過) 咳がひどく発熱したため受診<br>2. ケガ ➡ 負傷原因届を併せてご提出ください。 |
| 5 診療を受けた医療機関等の情報<br>国名: イギリス | 医療機関名: CS Hospital / 所在地: 2 Charch road, London, W 68DR, UK / 診療した医師等の氏名: Dr. Steve Smith<br>医療機関名: / 所在地: / 診療した医師等の氏名: |
| 6 診療を受けた期間 | 2 (1.平成 2.令和) 010801 (年 月 日から) 2 (1.平成 2.令和) 010805 (年 月 日まで) 日数 2 日 |
| 6-① 上記の期間に入院していた場合は、その期間 | □ (1.平成 2.令和) 年 月 日から □ (1.平成 2.令和) 年 月 日まで 日数 日 |
| 7 療養に要した費用の額 | 20 (イギリスポンド) 通貨単位を記入してください。(例:アメリカドル) |
| 8 診療の内容 | |
| 9 受診者の情報 | 受診者の海外渡航期間(■平成 □令和 30 年 09 月 01 日 ～ □平成 ■令和 02 年 08 月 31 日)<br>受診者は、現在、日本に帰国予定はありますか?または帰国されましたか?<br>■ 1. はい　□ 2. いいえ<br>海外在住の理由: <br>渡航目的 海外滞在の理由: 海外赴任のため |

様式番号

| 6 | 6 | 1 | 2 | 1 | 8 |
|---|---|---|---|---|---|

全国健康保険協会
協会けんぽ

2/2

## ②診療内容明細書

Request to Attending Physician
担当医へのお願い

1. Please fill in this form so that the patient may claim the health insurance benefit.
この様式は患者の健康保険の給付の申請に必要ですので、証明をお願いします。
2. This form should be completed and signed by the attending physician.
この様式は担当医が記入し、かつ署名してください。
3. One form for each month and one form for hospitalization/ outpatient (home visit) should be filled out.　各月毎、また入院・入院外毎につき、この様式1枚が必要です。

Attending Physician's Statement
診　療　内　容　明　細　書

Form A

様式A

1. Name of Patient(Last, First)　患者名 ________　Age(Date of birth)　年齢(生年月日) ____ . ____ . ____　Sex (Male ・ Female)　性別

2. Name of Illness or Injury preferably with the number of International Classification of Diseases for the use of Health Insurance. (Please refer to the table attached to this form.)
傷病名及び健康保険用国際疾病分類番号
________________________ ( No.　　 )

3. Date of first Diagnosis
初診日 ____ . ____ . ____

4. Days of Diagnosis and Treatment
診療日数 ________ days

5. Type of Treatment
治療の分類

☐ Hospitalization　入院
From / / to / / (　days)
自 / / 至 / / (　日間)

☐ Outpatient or Home Visit　入院外
/ / . / /
/ / . / /

6. Nature and Condition of Illness or Injury(in brief)
症状の概要
________________________

7. Prescription, Operation and any other Treatments(in brief)
処方、手術その他の処置の概要
________________________

8. Was the treatment required as a result of an accidental injury? ———— ☐ Yes　☐ No
治療は事故の傷害によるものですか。

9. Itemized amounts paid to Hospital and / or Attending Physician : Fill in Form B
医療機関、または担当医に支払った医療費の内訳：様式Bによる

10. Name and Address of Attending Physician
担当医の名前及び住所

Name　Last(姓) ________　First(名) ________　Title(称号) ________
Address　Home(自宅) ________　Phone(電話) ________
Office(病院または診療所) ________　Phone ________
Date(日付) ____ . ____ . ____　Signature(署名) ________
Attending Physician(担当医)

Reference Number of your Medical Record(if applicable)
診療録の番号 ________

様式A　邦訳

2．傷病名及び健康保険用国際疾病分類番号

6．症状の概要

7．処方、手術その他の処置の概要

翻訳者

住所

氏名　　　　　　　　　　　　　　　　㊞

電話

## ③領収明細書

### Request to Attending Physician
### 担当医へのお願い

1 . Please fill in this form so that the patient may claim the health insurance benefit.
この様式は患者の健康保険の給付の申請に必要ですので、証明をお願いします。
2 . This form should be completed and signed by the attending physician.
この様式は担当医が記入し、かつ署名してください。
3 . One form for each month and one form for hospitalization/ outpatient (home visit) should be filled out.　各月毎、また入院・入院外毎につき、この様式１枚が必要です。

### Itemized Receipt
### 領　収　明　細　書

Form B

様式B

(1) Fee for Initial Office Visit　初　診　料 $＿＿＿＿
(2) Fee for Follow-up Office Visit　再　診　料 $＿＿＿＿
(3) Fee for Home Visit　往　診　料 $＿＿＿＿
(4) Fee for Hospital Visit　入 院 管 理 料 $＿＿＿＿
(5) Hospitalization　入　院　費 $＿＿＿＿
(6) Consultation　診　察　費 $＿＿＿＿
(7) Operation　手　術　費 $＿＿＿＿
(8) Professional Nursing　職 業 看 護 師 費 $＿＿＿＿
(9) X-Ray Examinations　X 線 検 査 費 $＿＿＿＿
(10) Laboratory Tests*　諸　検　査　費
＿＿＿＿ $＿＿＿＿
＿＿＿＿ $＿＿＿＿
＿＿＿＿ $＿＿＿＿
＿＿＿＿ $＿＿＿＿

* Please fill in the content of the Laboratory Tests.
*諸検査の内容を記入してください。

(11) Medicines**　医　薬　費
＿＿＿＿ $＿＿＿＿
＿＿＿＿ $＿＿＿＿
＿＿＿＿ $＿＿＿＿
＿＿＿＿ $＿＿＿＿
＿＿＿＿ $＿＿＿＿

** Please fill in the name and the amount of the prescription of an individual medicine.
**処方した個々の薬の名称と量を記入してください。

(12) Surgical Dressing　包　帯　費 $＿＿＿＿
(13) Anesthetics　麻　酔　費 $＿＿＿＿
(14) Operating room Charge　手 術 室 費 用 $＿＿＿＿
(15) The Others(Specify)　その他（特記せよ）
＿＿＿＿ $＿＿＿＿
＿＿＿＿ $＿＿＿＿
＿＿＿＿ $＿＿＿＿
＿＿＿＿ $＿＿＿＿
(16) Total　合　計 $＿＿＿＿　Unit is＿＿＿＿
通貨単位

Important : Exclude the amount irrelevant to the treatment. i. e, payment for a luxurious room charge.
注意：　特別室料等、治療に直接関係ないものは除いてください。

Name and Address of Attending Physician
担当医の名前及び住所

Name　Last(姓)＿＿＿＿　First(名)＿＿＿＿　Title(称号)＿＿＿＿
Address　Home(自宅)＿＿＿＿　Phone(電話)＿＿＿＿
Office(病院または診療所)＿＿＿＿　Phone＿＿＿＿
Date(日付)＿＿ . ＿＿ . ＿＿　Signature(署名)＿＿＿＿
Attending Physician(担当医)
Reference Number of your Medical Record(if applicable)
診療録の番号＿＿＿＿

様式B　邦訳

⑽ 諸検査費の内訳(諸検査の内容)

⑾ 医薬費の内訳(薬の名称、量)

⒂ 特記事項

翻訳者

住所

氏名　　　　　　　　　　　　　　　㊞

電話

## ④歯科診療内容明細書

Request to Attending Physician
担当医へのお願い

Form C
様式C

1. Please fill in this form so that the patient may claim the health insurance benefit.
この様式は患者の健康保険の給付の申請に必要ですので、証明をお願いします。
2. This form should be completed and signed by the attending physician.
この様式は担当医が記入し、かつ署名してください。
3. One form for each month and one form for hospitalization/ outpatient (home visit) should be filled out.　各月毎、また入院・入院外毎につき、この様式1枚が必要です。

### Attending Dentist's Statement
### 歯 科 診 療 内 容 明 細 書

1. Name of Patient(Last, First) 患者名 ____________　Age(Date of birth) 年齢(生年月日) ____ . ____ . ____　Sex 性別 (Male ・ Female)

2. Date of first Diagnosis 初診日 ____ . ____ . ____　3. Days of Diagnosis and Treatment 診療日数 ______ days

Permanent tooth　Primary tooth

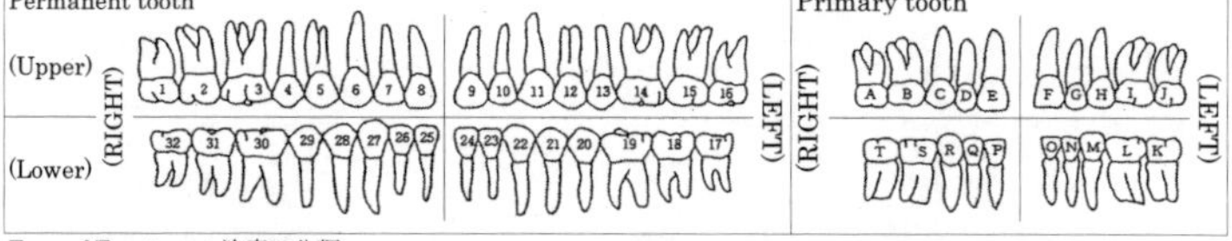


Type of Treatment 治療の分類

| Dental Treatment<br>歯科治療 | Localization of Teeth Examined<br>患歯部位 | Date | | | Fee<br>治療費 |
|---|---|---|---|---|---|
| | | MO. | DA. | YR. | |
| Iinitial Office Visit　初診料 | | | | | |
| X－Ray Examination　レントゲン検査 | | | | | |
| Dental Pulp Extirpation　抜髄 | | | | | |
| Operation　手術 | | | | | |
| Extraction　抜歯 | | | | | |
| Filling　充填 | | | | | |
| Inlay　インレー | | | | | |
| Metal Crown　金属冠 | | | | | |
| Post Crown　継続歯 | | | | | |
| Jacket Crown　ジャケット冠 | | | | | |
| Bridge Work　ブリッジ | | | | | |
| Plate Denture　有床義歯<br>Partial Denture　局部義歯<br>Complete Denture　総義歯 | | | | | |
| Treatment of Pyorrhea Alveolaris<br>歯槽膿漏処置 | | | | | |
| Medicine　投薬 | | | | | |
| The Others　その他 | | | | | |
| | | | | Total　合計 | |

Name and Address of Attending Physician
担当医の名前及び住所

Name　Last(姓) ____________　First(名) ____________　Title(称号) ____________

Address　Home(自宅) ____________　Phone(電話) ____________

Office(病院または診療所) ____________　Phone ____________

Date(日付) ____ . ____ . ____　Signature(署名) ____________

Attending Physician(担当医)

Reference Number of your Medical Record(if applicable)

診療録の番号 ____________

様式C　邦訳

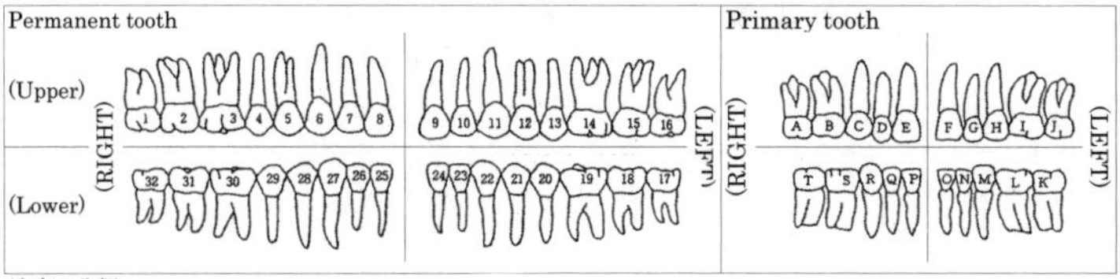


治療の分類

| 歯科治療 | 患歯部位 | 日付 | | | 治療費 |
|---|---|---|---|---|---|
| | | 月 | 日 | 年 | |
| 初診料 | | | | | |
| レントゲン検査 | | | | | |
| 抜髄 | | | | | |
| 手術 | | | | | |
| 抜歯 | | | | | |
| 充填 | | | | | |
| インレー | | | | | |
| 金属冠 | | | | | |
| 継続歯 | | | | | |
| ジャケット冠 | | | | | |
| ブリッジ | | | | | |
| 有床義歯<br>局部義歯<br>総義歯 | | | | | |
| 歯槽膿漏処置 | | | | | |
| 投薬 | | | | | |
| その他 | | | | | |
| | | | | 合計 | |

翻訳者

住所

氏名　㊞

電話

## ⑧同意書

（様式Ｄ）

### 同 意 書　(Agreement of Authorization)

海外療養費支給申請書類にある事実（療養行為を行った日時、場所、療養内容等）を確認するため、申請書類の提供等によって、療養行為を行った者に照会を行い、当該者からその照会内容について情報提供を受けることに同意します。

**【 署名・押印欄 】**

全国健康保険協会　殿

署 名 日：＿＿＿＿年＿＿＿月＿＿＿日

●療養を受けた者（患者）の署名欄

患 者 氏 名 ：＿＿＿＿＿＿＿＿＿＿＿＿＿＿＿＿印

生 年 月 日 ：＿＿＿＿年＿＿＿月＿＿＿日

住 所 ：＿＿＿＿＿＿＿＿＿＿＿＿＿＿＿＿＿＿＿＿＿＿＿＿

※海外に居住している場合は、住所を国名から記入してください。

●被保険者（成年後見人・法定相続人）の署名欄

氏 名 ：＿＿＿＿＿＿＿＿＿＿＿＿＿＿＿＿印

※療養を受けた者(患者)と同じ場合には、「同上」と記入してください。

住 所 ：＿＿＿＿＿＿＿＿＿＿＿＿＿＿＿＿＿＿＿＿＿＿＿＿

会社

# 4　介護保険料が免除に―介護保険適用除外

海外赴任者が40歳以上のときは「介護保険適用除外該当届」の届出が必要です。ここでは，この手続を失念した場合の対応法もご紹介します。

## Ⅰ 赴任中の介護保険料を免除にする手続

平成12年４月１日より施行された介護保険制度により，市町村に住所を有する40歳以上の者は，その市町村が運営する介護保険の被保険者となり，介護保険料を納付することになりました。これにより，40歳以上65歳未満の健康保険の被保険者は毎回の健康保険料の支払いの際に介護保険料もあわせて支払う義務が生じることになりました。

ただし，介護保険の被保険者は「市町村の区域内に住所を有する者」となっているため，日本に住所を有しなくなった場合は，その翌日に資格を喪失することになります。

よって，40歳以上の被保険者が海外赴任する際は海外赴任時に，海外赴任後に40歳になった場合はその時点で「介護保険適用除外該当届」を事業主経由で保険者（年金事務所または健康保険組合）に提出すると，事業主・被保険者とも介護保険料の支払いが免除になります。

海外赴任に伴い「介護保険適用除外該当届」を提出した場合など，適切な手続により海外赴任期間に介護保険料の支払いが免除になる場合は，将来日本で介護保険サービスを受ける際にデメリットが生じることはありません。

※　健康保険組合の規約によっては，特定被保険者（国内に40～64歳の被扶養者がいる人）は，被保険者本人が海外に居住していても介護保険料を徴収される場合があります。詳細は，加入している健康保険組合の規約を確認してください。

なお介護保険の被保険者は「市町村の区域内に住所を有する者」となっているため，海外赴任をしていても住民票が除票されていない場合は「市区町村に住所を有する者」となり，介護保険料の支払いは免除にならないことになります。この場合は，引続き介護保険料を支払わなければなりません。介護保険料を支払う必要があるのに介護保険料を滞納していた場合，将来日本で介護サービスを受ける際に，滞納期間に応じて本人負担の割合が増えたり，高額介護サービス費等の支給が受けられなくなったりすることがあります。

**〈提出書類〉**

① 介護保険適用除外等該当届

② 住民票の除票（マイナンバーの記載のないもの）

**〈提出先〉**

所轄の年金事務所または健康保険組合

**〈提出期限〉**

遅滞なく

### 介護保険適用除外等該当届

| 届書コード | 処理区分 | 届書 |
|---|---|---|
| 2 2 6 | | |

正

**介護保険適用除外等（該当）・非該当届**

| 事務センター長 所長 | 副事務センター長 副所長 | グループ長 課長 | 担当者 |
|---|---|---|---|
| | | | |

◎被保険者本人が自ら署名する場合には、被保険者本人の押印は不要です。
被保険者本人以外の方の押印は省略することができません。
◎ただし、転勤により国内から国外または国外から国内へ転居した場合には、被保険者本人の署名又は押印は不要です。

| ① 事業所整理記号 | | ② 被保険者整理番号 |
|---|---|---|
| 新宿 ※ | ○○ | 1 |

| ㋐ 被保険者の氏名 | | ㋑ 性別 | ③ 生年月日 |
|---|---|---|---|
| （氏） CS | （名） 太郎 ㊞ | （男 1）・女 2 | 明1 大3 （昭5） 平7 令9　5 00 10 01 年月日 |

| ㋒ 被扶養者の氏名 | | ㋓ 性別 | ㋔ 続柄 | ㋕ 生年月日 |
|---|---|---|---|---|
| （氏） | （名） | 男 1・女 2 | | 昭5 平7 令9　年 月 日 |

| ㋖被保険者の住所 | 〒 163 — 0631 東京都新宿区○-○-○ | ㋗被扶養者の住所 | 〒 — | ㋘ 備考 | 海外出向のため |
|---|---|---|---|---|---|

| ④ 適用除外等の理由 | ⑤ 該当・非該当の別 | ⑥ 該当・非該当の年月日 | ⑦※ 被扶養者番号 | ⑧※ 作成原因 | 送信 |
|---|---|---|---|---|---|
| （国外居住者 1） 身体障害者療養施設入居者 2 在留資格3か月以下の外国人 3 | （該当 1） 非該当 2 | 令和 01 09 01 年月日 | | | |

| ㋙ 入居施設の名称 | |
|---|---|
| ㋚ 入居施設の所在地 | 〒 — |
| 電話 | （ 局） 番 |

令和　年　月　日 提出

| | |
|---|---|
| 事業所所在地 | 〒 163 — 0631 東京都新宿区西新宿1-25-1 |
| 事業所名称 | CSアカウンティング株式会社 |
| 事業主氏名 | 代表取締役 CS 一郎 ㊞ |
| 電話 | 03 （ 5908 局） 3421 番 |

受付日付印

| 社会保険労務士の提出代行者印 |
|---|
| ㊞ |

◎記入の方法及び添付書類は、裏面に書いてありますのでよく読んでください。
◎「※」欄は記入しないでください。

## Ⅱ「介護保険適用除外等該当届」の手続を失念した場合

40歳以上の従業員が海外赴任した場合，介護保険適用除外等該当届を提出すれば介護保険料の支払いが免除になる旨を説明しました。

しかし，介護保険適用除外の制度を知らずに，40歳以上の従業員が海外赴任しているのに，ずっと介護保険料を事業主および従業員の両方が支払い続けていた事例も実際にはあるようです。この場合は，気づいた時点で速やかに年金事務所または健康保険組合に連絡のうえ，「介護保険適用除外等該当届」を提出するようにしてください。保険料の徴収・還付を受ける権利は時効により２年で消滅しますので，赴任期間中に支払った介護保険料の全額が戻ってくるとは限りませんが，年金事務所または健康保険組合が介護保険適用除外と認定した期間の介護保険料については還付されます。

なお従業員の海外赴任の任期終了時もしくは任期終了間近に「介護保険適用除外等該当届」を遅れて提出した場合，国内勤務分としての給与を支払う際に払いすぎた介護保険料を還付することになります。この場合は還付された介護保険料を給与に反映する際に，留意が必要です。

給与計算ソフトを使って毎月の給与処理をする場合，年末調整時には年間の支給額や控除額を自動計算してくれるため，とても便利です。ただし，居住者になってから支払う給与の処理をする際に，非居住者のときの社会保険料の調整額を社会保険料の項目に入力してしまうと，年末調整時に社会保険料控除の額にそのまま合算されてしまいます。

第６章2「４　帰国した年の年末調整・確定申告」でも説明しますが，年末調整の対象となるのは居住者になってから支払われた給与・賞与が対象になります。社会保険料控除についても，居住者になってから支払ったものが年末調整での控除の対象になります。

### 図表２　海外赴任中に給与から控除されていた介護保険料を，国内勤務の給与で還付する場合

〈年末調整〉

海外赴任中
〈非居住者〉

海外赴任からの帰任後
〈居住者〉

年末調整の対象期間

社会保険料控除は居住者になってからのものが対象になるため，介護保険料の還付額は社会保険料控除額と合算されないようにする必要があります。

〈給与明細〉

| | | | | | | |
|---|---|---|---|---|---|---|
| 支給額 | 基本給 | 通勤手当 | 時間外手当 | | | |
| | 300,000 | 7,860 | 20,000 | | | |
| | | | | | | |
| | | | | | | |
| 控除額 | 健康保険料 | 介護保険料 | 厚生年金保険料 | 雇用保険料 | 所得税 | その他控除 |
| | × 14,850 | −23,355 | 27,450 | 984 | 8,420 | 0 |
| | ○ 14,850 | 2,595 | 27,450 | 984 | 7,390 | −25,950 |
| | | | | | | |
| | | | | | | |

非居住者期間に支払った介護保険料の還付を，居住者になってからの給与で清算してしまうと，給与ソフトで年末調整処理をする際，社会保険料控除額にそのまま合算されてしまいます。

社会保険料控除額に影響しない「その他控除」に還付額を入力した方が年末調整処理の際に還付額が合算されることを避けられます。

給与ソフトを使った自動計算で給与処理・年末調整処理をしている場合は，居住者期間・非居住者期間の社会保険料が正しく累計されるよう注意が必要です。

会社

# 5 現地の社会保険加入が不要に—社会保障協定

社会保障協定締結国に当初から５年以内の予定で赴任する場合は，申請により現地での社会保険の加入が免除になります。

## Ⅰ 社会保障協定とは

日本では国籍に関係なく年金制度が適用されるため，日本に居住する外国人も要件を満たせば日本の年金制度への加入が義務付けられます。同様に日本国籍をもつ者が海外赴任をするときも，現地の社会保険制度の加入対象となることがあります。しかし，社会保障協定が発効されると，それぞれの国の企業等から相手国に一時的に派遣されている期間については，引き続き派遣元国で就労しているものとみなされます。この「一時的に派遣されている」とは「５年間」を指します。従って，日本の企業から一時的に海外に派遣され就労する人については，事前に自国の社会保険事務を取り扱う公的機関において必要な手続きを行うことで，引き続き派遣元である自国の制度にのみ加入していれば，派遣開始日から５年間は派遣される相手国の公的年金制度や医療制度の加入が免除になります（対象となる制度は締結相手国により異なります）。

2000年（平成12年）２月の日本・ドイツ間の協定をはじめとして，2019年９月現在，日本では20カ国との協定が発効されています。

この協定の主な目的は，

| |
|---|
| １．保険料の二重負担の防止<br>２．保険料の掛捨て防止のための年金加入期間の通算 |

の２点です。

よって社会保障協定が適用になり，赴任地での社会保険制度が免除になる場合は，赴任地での社会保険料の支払いも免除になります。また赴任地で年金制度に加入した期間を，日本での年金加入期間に通算することも可能です（イギリス・韓国・イタリア（発行準備中）・中国等，期間通算の対象外の国もあります）。

なお，社会保障協定は，どの国からどの国に派遣されるかにより適用の有無が判断されるため，従業員自身の国籍は問題とされません。例えば，日本で現地採用されて社会保険に加入しているメキシコ国籍の従業員が，イギリスに5年以内の見込みで一時派遣される場合なども日英社会保障協定の適用になります。

**図表3｜社会保障協定に該当する場合とは？**

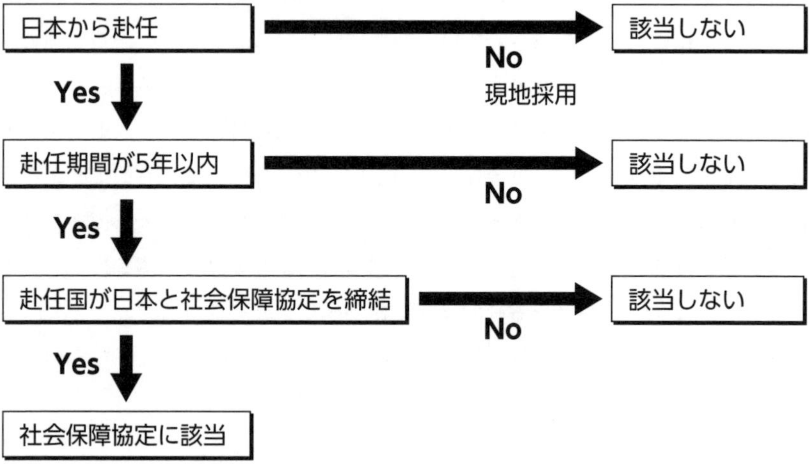


## Ⅱ 社会保障協定の対象者

協定の対象となる年金制度の保険料納付義務が免除される者は，各国の協定ごとに定められています。例えば2019年９月に発行した日中社会保障協定では，協定の対象者は「被用者」に限られています。具体的には，日本または中国においてそれぞれの派遣元国の事業主に雇用され，かつ協定の対象となる保険制度に加入している者が，当該事業主のために役務を提供するため，相手国に派遣され就労する者です（日中社会保障協定６条)。対象者にはこのほか，海上航行船舶，又は航空機において就労する者（日中社会保障協定７条），外交使節団及び領事機関の構成員並びに公務員も含まれます（日中社会保障協定８条)。なお，中国国内で直接採用された方，自営業者として中国で就労する方など一定の者は本協定の適用対象外となっています。詳細は各国との協定をご確認ください。

## Ⅲ 社会保障協定国と対象となる制度

2019年９月現在，日本で社会保障協定が発効となっている国は次表の通りになります。国により，年金のみでなく医療保険や労災，雇用保険も二重加入防止の対象となっています。

## 図表4　社会保障協定国と対象となる制度

| 相手国 | 協定発効年月 | 期間通算 | 二重防止の対象となる社会保障制度 | |
|---|---|---|---|---|
| | | | 日本 | 相手国 |
| ドイツ | 平成12年2月 | ○ | ・公的年金制度 | ・公的年金制度 |
| 英国 | 平成13年2月 | — | | |
| 韓国 | 平成17年4月 | — | | |
| アメリカ | 平成17年10月 | ○ | ・公的年金制度<br>・公的医療保険制度 | ・社会保障制度（公的年金制度）<br>・公的医療保険制度（メディケア） |
| ベルギー | 平成19年1月 | ○ | | ・公的年金制度<br>・公的医療保険制度<br>・公的労災保険制度<br>・公的雇用保険制度 |
| フランス | 平成19年6月 | ○ | | ・公的年金制度<br>・公的医療保険制度<br>・公的労災保険制度 |
| カナダ | 平成20年3月 | ○ | ・公的年金制度 | ・公的年金制度<br>※ケベック州年金制度を除く |
| オーストラリア | 平成21年1月 | ○ | | ・退職年金保障制度 |
| オランダ | 平成21年3月 | ○ | ・公的年金制度<br>・公的医療保険制度 | ・公的年金制度<br>・公的医療保険制度<br>・雇用保険制度 |
| チェコ | 平成21年6月※ | ○ | | |
| スペイン | 平成22年12月 | ○ | ・公的年金制度 | ・公的年金制度 |
| アイルランド | | | | |
| ブラジル | 平成24年3月 | ○ | | |
| スイス | | | ・公的年金制度<br>・公的医療保険制度 | ・公的年金制度<br>・公的医療保険制度<br>・雇用保険制度 |
| ハンガリー | 平成26年1月 | ○ | | |
| インド | 平成28年10月 | ○ | ・公的年金制度 | ・公的年金制度 |
| ルクセンブルク | 平成29年8月 | ○ | ・公的年金制度<br>・公的医療保険制度 | ・公的年金制度<br>・公的医療保険制度<br>・公的労災保険制度<br>・公的雇用保険制度 |

| | | | | |
|---|---|---|---|---|
| フィリピン | 平成30年8月 | ○ | ・公的年金制度 | ・公的年金制度 |
| スロバキア | 令和元年7月 | ○ | | ・公的年金制度<br>・公的疾病保険制度<br>・保証保険制度<br>・リザーブファンド<br>・公的労災保険制度<br>・公的雇用保険制度 |
| 中国 | 令和元年9月 | − | | ・公的年金制度 |
| イタリア | 発効準備中 | − | ・公的年金制度<br>・公的雇用保険制度 | ・公的年金制度<br>・公的雇用保険制度 |
| スウェーデン | 発効準備中 | ○ | ・公的年金制度 | ・公的年金制度 |

（※）　平成30年8月1日に協定の一部を改正する議定書が発効しました。
（注）　協定発効年月が「準備中」となっているものについては，発効時期が決まっておらず，具体的な手続きを相手国と調整中です。発効時期が決まりましたら随時ホームページに具体的な取扱いに関する情報を掲載します。

（日本年金機構ホームページより）

この他にも，現在政府間で交渉中・予備協議中の国が多くあります。上記以外の国に海外赴任させる場合は，厚生労働省や日本年金機構のHPで最新情報を確認するようにしてください。

**社会保障協定に関する問合せ先**
◉ 各年金事務所
◉ 日本年金機構　国際事業グループ
◉ 厚生労働省　年金局　国際年金課

## Ⅳ 社会保障協定適用証明書の交付申請

社会保障協定の適用により相手国の社会保障制度の加入が免除になるためには，「社会保障協定適用証明書」の交付を受ける必要があります。

① 事業主が「社会保障協定適用証明書交付申請書」を記入し，所轄の年金事務所に提出します。

② 申請が認められると，後日年金事務所から「社会保障協定適用証明書」が送付されます。申請が認められなかった場合は，協定相手国の社会保障制度に加入することになります。

③ 年金事務所から送付された適用証明書を海外赴任者に配布します。

④ 海外赴任者は，赴任先の人事部や相手国実施機関（年金事務所に相当する機関）に提示または提出を求められたときは「社会保障協定適用証明書」を提示または提出します。

※ 申請の際には，派遣期間が1年と決まっている方は1年，2年と決まっている方は2年としてください。派遣期間が1年間は人事の方針として確定してはいるけれども，それが2年になるのか，3年に伸びるのか，あるいは5年になるかもしれないなど全く見通しが立たない場合には，予定で結構ですので記入してください。なお，適用証明書が発行されたのち，派遣期間が短縮されることになった場合は訂正が必要になりますので，訂正届を提出してください。

### 図表5 社会保障協定適用申請の流れ

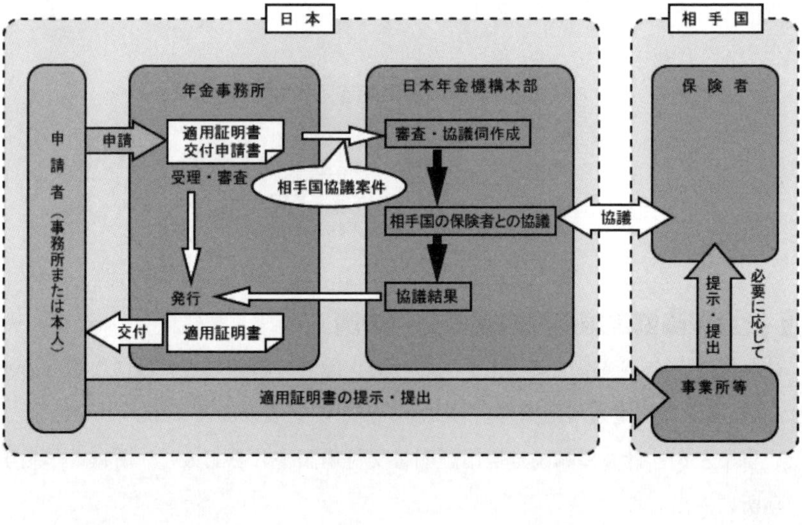

## 社会保障協定適用証明書交付申請書

| 様式コード | | | | | | | |
|---|---|---|---|---|---|---|---|
| 2 | 2 | 4 | 3 | 0 | 0 | 4 | 健 |
| 3 | 2 | 4 | 3 | 1 | | | 船 |
| 届書コード | | | | | | 届書 | |
| 2 | 4 | 3 | | | | | |

| 事務センター長<br>所長 | 副事務センター長<br>副所長 | グループ長<br>課長 | 担当者 |
|---|---|---|---|
| | | | |

# 日米社会保障協定　厚生年金保険　健康保険／船員保険　適用証明書交付申請書

◎　※欄は記入しないでください。
◎　この申請書を記入する際には、裏面をよく読んでください。

| ① 事業所の記号 | ② 被保険者整理番号 | ③ 生年月日 | ㋐ 個人番号(または基礎年金番号) |
|---|---|---|---|
| 新宿 ※ ○○ | 001 | ☑ 5.昭和 □ 7.平成 □ 9.令和　年 月 日 500101 | 1234567890 |

| ㋑ 被保険者氏名 | ㋒ 性別 | ㋓ 日本国における被保険者住所 | ㋔協定相手国 |
|---|---|---|---|
| ﾌﾘｶﾞﾅ)　シーエス　タロウ<br>ＣＳ　太郎 | ☑ 1. 男<br>□ 2. 女 | ﾌﾘｶﾞﾅ)<br>〒 163−0631　東京都新宿区○−○−○ | (アメリカ合衆国)<br>004 |

**㋕ 就労の形態**

- □ 30. 合衆国より適用証明書が交付されない合衆国国籍(永住権取得)者が日本国内の事業所で就労する(協定第4条1該当)
- ☑ 31. 日本の事業所から合衆国内の事業所へ一時的(5年以内の見込)に派遣される(協定第4条2該当)
  (派遣直前6ヶ月間は日本の年金制度に加入している被保険者であり、派遣期間中も日本の事業所と雇用関係が継続する)
- □ 00. 船員として就労し、日米両国の制度が適用されうる(通常居住地が日本国内である)(協定第4条5該当)
- □ 32. 日本に本社のある国際線航空の乗組員として就労し、日米両国の制度が適用されうる(協定第4条6該当)
- □ 33. 日本の事業所から合衆国の事業所へ一時的(5年以内の見込)に派遣される
  (日本の年金制度に派遣直前6ヶ月間加入していない被保険者であるが派遣期間中も日本の事業所と雇用関係が継続する)
  (協定第4条8該当)＊「備考」欄に派遣開始前・終了後の雇用・居住(予定)状況を具体的に記入してください。
- □ 33. 上記以外で合衆国内の事業所で就労するが、合衆国の制度にのみ適用されることにより不利益を被る
  (協定第4条8該当)＊「備考」欄にどのような不利益を被るかを具体的に記入してください。

送信

**⑧協定条文該当区分**
※
30.　4条1該当
31.　4条2該当
・　4条5該当
32.　4条6該当
33.　4条8該当

| ⑩ 就労の開始予定年月日 | ⑪ 就労の終了予定年月日 |
|---|---|
| (西暦)年 月 日<br>20170901 | (西暦)年 月 日<br>20200831 |

**⑫ 合衆国における事業所の名称**
(カナ)　シーエス　アカウンティング　ニューヨーク　ブランチ
英数字)　CS Accounting NY Branch

**⑬ 合衆国における事業所の所在地**
(カナ)　201　チャペル　ストリート　ニューヨーク
英数字)　201 chapel Street, New York, NY 00000

| ⑰適用証明書要否 | 送信 | ㋖ 被保険者氏名(ローマ字) | |
|---|---|---|---|
| ※ 0. 要<br>1. 否 | | 姓<br>CS | 名<br>Taro |

**備考**

裏面を理解したうえで、上記のとおり申請します。

受付日付印

| 事業所の所在地及び名称 | 〒 161−0631<br>(所在地)　新宿区西新宿１−25−１<br>(名称)　ＣＳアカウンティング株式会社<br>(事業主氏名)　ＣＳ　一郎　㊞<br>(電話)　( 03 )−( 5908 )−( 3421 ) |
|---|---|

| 社会保険労務士記載欄 |
|---|
| 氏名等　㊞ |

令和　年　月　日提出

## 社会保障協定適用証明書

J／USA6

社会保障に関する日本国とアメリカ合衆国との間の協定
Agreement between Japan and the United States of America on Social Security

日本国の公的年金及び公的医療保険各法の適用に関する証明書

Certificate of continuing coverage under legislation concerning the Japanese public pension systems and the Japanese health insurance systems

・協定第４条
・行政取決め第４条

・Article 4 of the Agreement
・Article 4 of the Administrative Arrangement

**1**　☐ 被用者／Employee　　☐ 自営業者／Self－employed person

氏／Surname　　名／Forename　　生年月日／Date of birth (Year) (Month) (Day) 年　月　日

（ローマ字／In the Latin alphabet）

日本国における住所／Permanent Japan address

基礎年金番号／Basic Pension Number

**2**　日本国における事業所／Place of work in Japan

事業所名／Name of company

所在地／Address

見本

**3**　合衆国における事業所／Place of work in the United States

事業所名／Name of company

所在地／Address

**4**　証明／Certification

上記１に氏名のある労働者は日本の公的年金制度及び日本の公的医療保険制度（協定第２条１）について法の適用を受けており、協定の以下の条項に従って、退職年金、遺族年金、障害年金及びメディケアについて合衆国の法規から免除される。／ The worker named in 1 is covered by the legislation concerning the Japanese public pensions systems and the Japanese public health insurance systems (Article 2.1 of the Agreement) and is exempt from U.S. laws with respect to Retirement, Survivors, Disability and Medicare in accordance with the following Article of the Agreement.

☐ 4.1　☐ 4.2　☐ 4.4　☐ 4.5　☐ 4.6　☐ 4.7(c)　☐ 4.8

期間／The period　(Year) (Month) (Day) 年　月　日 ～ (Year) (Month) (Day) 年　月　日

**5**　連絡機関／Liaison agency

名称／Name　　印／Stamp

所在地／Address

年月日／Date　(Year) (Month) (Day) 年　月　日

（日本年金機構ホームページより）

# 6　厚生年金保険の特例加入制度

社会保障協定締結国でない国に赴任する場合は，厚生年金保険が継続になります。一方で，５年を超える予定で社会保障協定締結国に赴任する場合，協定の対象外となり現地の社会保険制度に加入すると日本の厚生年金資格を喪失することになります。この場合は，厚生年金保険の特例加入も可能です。

## Ⅰ　社会保障協定締結国でない国に赴任する場合

日本の社会保険資格を継続する場合は，そのまま厚生年金保険の資格も継続になり，厚生年金保険料の支払いも引続き発生します。そのうえで赴任先の国での社会保険の加入義務が生じた場合は，その国の法令に従い，加入することになります。社会保障協定締結国でない国に赴任する際は，日本と現地のそれぞれで社会保険の加入をしても二重加入が問題とされることにはなりません。

## Ⅱ　社会保障協定締結国に５年を超える予定で赴任する場合

当初から赴任期間が５年を超える予定で赴任する場合は，社会保障協定の適用対象外になるため，現地での社会保険制度に加入することになります。

## Ⅲ　厚生年金保険の特例加入

社会保障協定は二重加入を防止することが目的のため，社会保障協定締結国で現地での社会保険制度に加入する場合は，従来は日本の厚生年金保険資格を喪失することになっていました。

ただし，2012年３月１日から厚生年金保険の特例加入制度の対象国がすべての社会保障協定の相手国に拡大したため，相手国の年金制度に加入しながら，同時に日本の厚生年金保険制度※にも加入できるようになりました（特例加入）。老齢年金や障害年金は支払った保険料の額により受給額も増えますので，厚生年金保険の特例加入をしておくと将来日本で受け取る年金の額を増やすことが可能になります。なお，資格取得日は保険料納付義務に関する相手国法令が適用されてから１カ月以内に申出書を提出した場合は特例該当日が資格取得日となります。１カ月経過後に受理された場合は，申出が受理された日が資格取得日となります。

厚生年金保険の特例加入をした場合でも，希望すればいつでも「厚生年金保険特例加入被保険者資格喪失申出書」を年金事務所に提出することにより，申出が受理された日の翌日に厚生年金保険の資格を喪失できます（社会保障協定の実施に伴う厚生年金保険法等の特例等に関する法律25条３項）。

※　厚生年金保険制度への任意加入をすると企業年金にも加入できるようになります。加入を希望する場合は，企業年金の手続も別途必要になります。

**〈提出書類〉**

・　厚生年金保険特例加入被保険者資格取得申出書

・　厚生年金保険特例加入被保険者資格喪失申出書

**〈提出先〉**

所轄の年金事務所

## 厚生年金保険特例加入被保険者資格取得申出書

| 様式コード |
|---|
| 2 2 0 0 5 |

厚生年金保険 特例加入被保険者　資格取得申出書

令和　　年　　月　　日提出

**提出者記入欄**

| | |
|---|---|
| 事業所整理記号 | ○○－○○○ |
| 事業所番号 | ○○○○○ |
| 事業所所在地 | 届書記入の個人番号に誤りがないことを確認しました。<br>〒163 － 0631<br>東京都新宿区西新宿1－25－1 |
| 事業所名称 | CSアカウンティング株式会社 |
| 事業主氏名 | 代表取締役　CS　一郎　㊞ |
| 電話番号 | 03（　5908　）3423 |

受付印

社会保険労務士記載欄

氏名等　㊞

**申出人欄**

| | | |
|---|---|---|
| ① 申出者氏名 | (フリガナ) シーエス<br>(氏) CS | (フリガナ) タロウ<br>(名) 太郎 |
| ② 申出者住所 | (フリガナ) チャペル　ストリート　ニューヨーク<br>(アルファベット) 201　chapel　Street, NY<br>(電話)　(123) 456－7890 | |
| ③ 個人番号（基礎年金番号） | 1 2 3 4 5 6 7 8 9 0 1 2 | |
| ④ 生年月日 | (5.昭和) 7.平成 9.令和　5 0 年 0 1 月 0 1 日 | |
| ⑤ 種別 | (1.男) 2.女 3.坑内員 5.男(基金) 6.女(基金) 7.坑内員(基金) | |
| ⑥ 報酬月額 | ㋐(通貨) 350,000 円<br>㋑(現物) 0 円 | ㋒(合計 ㋐+㋑) 3 5 0 0 0 0 円 |
| ⑦ 相手国 | アメリカ | |
| ⑧ 相手国社会保険番号 | | |
| ⑨ 特例該当日 | 7.平成 (9.令和)　0 1 年 0 9 月 0 1 日 | |
| ⑩ 備考 | 該当する項目を○で囲んでください。<br>1. 短時間労働者の取得(特定適用事業所等)　2. その他 [　　] | |

社会保障協定の実施に伴う厚生年金保険法等の特例等に関する法律（平成19年法律第104号）第25条

## 厚生年金保険特例加入被保険者資格喪失申出書

| 様式コード |
|---|
| 2 2 0 1 5 |

厚生年金保険 特例加入被保険者　資格喪失申出書

令和　　年　　月　　日提出

**提出者記入欄**

| | |
|---|---|
| 事業所整理記号 | ○○－○○○ |
| 事業所番号 | ○○○○○ |
| 事業所所在地 | 届書記入の個人番号に誤りがないことを確認しました。<br>〒163 － 0631<br>東京都新宿区西新宿1－25－1 |
| 事業所名称 | CSアカウンティング株式会社 |
| 事業主氏名 | 代表取締役　CS　一郎　㊞ |
| 電話番号 | 03（　5908　）3423 |

受付印

社会保険労務士記載欄

氏名等　㊞

**申出人欄**

| | | |
|---|---|---|
| ① 申出者氏名 | (フリガナ) シーエス<br>(氏) CS | (フリガナ) タロウ<br>(名) 太郎 |
| ② 申出者住所 | (フリガナ) チャペル　ストリート　ニューヨーク<br>(アルファベット) 201　chapel　Street, NY<br>(電話)　(123) 456－7890 | |
| ③ 被保険者整理番号 | 1 | |
| ④ 個人番号（基礎年金番号） | 1 2 3 4 5 6 7 8 9 0 1 2 | |
| ⑤ 生年月日 | (5.昭和) 7.平成 9.令和　5 5 年 0 1 月 0 1 日 | |
| ⑥ 備考 | 令和○年9月1日より資格喪失希望 | |

社会保障協定の実施に伴う厚生年金保険法等の特例等に関する法律（平成19年法律第104号）第25条

# 7 赴任途中で社会保障協定が締結された場合

社会保障協定の発効日時点での残りの赴任期間で判断します。

社会保障協定が締結されていない国へ赴任する場合，赴任先の国での社会保険の加入義務が生じた場合は，その国の法令に従い，社会保険に加入することになります。

ただし，赴任期間中に社会保障協定が発効された場合，その時点での残りの赴任予定期間が５年以内であれば，社会保障協定の適用が可能です。

**図表６｜赴任期間中に社会保障協定が発効された場合※**

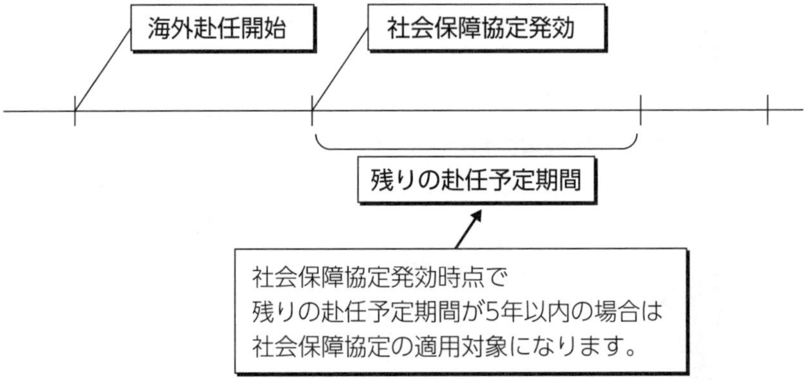


※　社会保障協定が適用になるのは，協定の発効日からになり，締結日からではありません。
例：社会保障協定締結日：平成31年４月　社会保障協定発効日：令和２年９月
⇒社会保障協定が適用されるのは令和２年９月になります。

社会保障協定の適用に関する手続方法については，「社会保障協定適用証明書交付申請書の記載例」とほぼ同じです。該当国の適用証明書交付申請書に必要事項を記載のうえ，年金事務所へ提出します。就労開始日の欄には，社会保障協定の発効日を記載します。

現在，社会保障協定が締結・発効されていない国に赴任していても，今後社会保障協定が適用される可能性はあります。厚生労働省や日本年金機構のホームページを常にチェックして，最新情報を把握しておくようにしましょう。

**図表7｜各国との社会保障協定発行状況**

| | |
|---|---|
| 協定が発効済の国 | ドイツ，イギリス，韓国，アメリカ，ベルギー，フランス，カナダ，オーストラリア，オランダ，チェコ※，スペイン，アイルランド，ブラジル，スイス，ハンガリー，インド，ルクセンブルク，フィリピン，スロバキア，中国 |
| 署名済未発効の国 | イタリア，スウェーデン，フィンランド |

※　2018年8月に現行協定の一部改正　　　　（日本年金機構ホームページより）

会社

# 8 労災保険への特別加入手続

海外赴任をしている従業員に対しても，特別加入の手続をすれば労災保険の給付が受けられます。

## Ⅰ 特別加入とは

労災保険は本来，国内で勤務する従業員について，業務災害（業務に起因する災害）や通勤災害（通勤途中の災害）が発生した場合に給付が行われる制度になります。よって海外で勤務する従業員に対しては，原則，労災は対象になりません。

ただし，外国での労災の制度や給付は必ずしも十分でないことも多いため，特別加入の手続をすることにより，海外に派遣される従業員も労災の給付を受けることが可能です。

## Ⅱ 特別加入者の範囲

海外派遣者の派遣の形態（転勤，移籍出向など）や派遣先での職種，あるいは派遣先事業場の形態，組織などについては問いません。

日本国内の事業場から海外派遣され，海外支店・工場・現地法人等で労働者として働く場合の他，支店長や現地法人の代表等，事業主として派遣される場合も特別加入できます。ただし海外で現地採用した従業員については，労災の特別加入の対象にはなりません。

事業主として派遣される場合は，派遣先の事業場（海外）の従業員数が一定規模以下であることが条件となります。また，事業主以外に必ず１名以上従業員を雇用していることも加入の条件になります。この従業員は現地採用者でもかまいません。

**図表8｜対象となる従業員の規模**

| 業　種 | 労働者数 |
|---|---|
| 金融，保険業，不動産業，小売業 | 50人以下 |
| 卸売業，サービス業 | 100人以下 |
| それ以外の業種 | 300人以下 |

## Ⅲ 保険料

年間保険料は，給付基礎日額×365に第三種特別加入保険料率3/1000（令和元年度）を乗じた額になり，最高でも1人につき年間27,375円になります。

年度の途中で，新たに特別加入者となった場合や特別加入者でなくなった場合には，その年度内の特別加入月数（1カ月未満の端数は，1カ月とします）に応じて保険料を算出します。

**図表9｜給付基礎日額・年間保険料一覧表**

| 給付基礎日額<br>A | 保険料算定基礎額<br>B＝A×365日 | 年　間　保　険　料<br>年間保険料＝保険料算定基礎額※×保険料率 |
|---|---|---|
| | | 海外派遣者の場合　保険料率　3/1000 |
| 25,000円 | 9,125,000円 | 27,375円 |
| 24,000円 | 8,760,000円 | 26,280円 |
| 22,000円 | 8,030,000円 | 24,090円 |
| 20,000円 | 7,300,000円 | 21,900円 |
| 18,000円 | 6,570,000円 | 19,710円 |
| 16,000円 | 5,840,000円 | 17,520円 |
| 14,000円 | 5,110,000円 | 15,330円 |
| 12,000円 | 4,380,000円 | 13,140円 |
| 10,000円 | 3,650,000円 | 10,950円 |
| 9,000円 | 3,285,000円 | 9,855円 |
| 8,000円 | 2,920,000円 | 8,760円 |
| 7,000円 | 2,555,000円 | 7,665円 |
| 6,000円 | 2,190,000円 | 6,570円 |
| 5,000円 | 1,825,000円 | 5,475円 |
| 4,000円 | 1,460,000円 | 4,380円 |
| 3,500円 | 1,277,500円 | 3,831円 |

※　特別加入者全員の保険料算定基礎額を合計した額に千円未満の端数が生じるときは端数切り捨てとなります。

申請により給付基礎日額の変更も可能です。詳細は，第４章①「５　給付基礎日額の変更」をご参照ください。

## Ⅳ 労災保険給付

業務災害または通勤災害による傷病について治療する場合，治療に要した費用が支給されます。

業務災害または通勤災害による傷病の療養のため労働することができない日が４日以上となった場合は，休業４日目以降，１日につき給付基礎日額の60％相当額が支給されます。

**(給付基礎日額１万円の加入者が20日間休業した場合の例)**

① 休業(補償)給付　１万円×60％×(20日－３日)＝10万２千円

② 休業(補償)特別支給金　１万円×20％×(20日－３日)＝３万４千円

その他，障害・遺族・介護に対しての給付や，死亡の際の葬祭に対しての給付等があります。

## Ⅴ 保険給付請求の手続

日本国内では労災指定病院で治療を受ける場合，最初に手続をすれば，一部負担金なしでその後の治療を受けられます。ただし海外で治療を受ける場合は，治療費をいったん全額支払い，後日，書類を労働基準監督署に提出することにより，かかった治療費の請求を行います。還付される治療費は支給決定日の外国為替換算率（売レート）により換算された邦貨額により計算されます。

**〈提出書類〉**

「療養補償給付たる療養の費用請求書」（様式第７号）

**〈添付書類〉**

①　医療費の領収書

②　派遣先の事業主の証明書（中小事業の代表者などとして派遣される方については派遣先の事業主の証明書は必要ありません）

③　入手できる場合は，在外公館の証明書，新聞記事など

これらの書類が外国語で記載されている場合は，日本語の翻訳文も添付します。

〈提 出 先〉

所轄の労働基準監督署

〈提出期限〉

療養に要する費用を支払った日の翌日から起算して2年

※　業務災害または通勤災害が，特別加入者の故意または重大な過失によって発生した場合や労働保険料の滞納期間中に生じた場合には，保険給付の支給制限（全部または一部）が行われることがあります。

## Ⅵ 特別加入申請書（海外派遣）記載例

海外派遣者として労災の特別加入をする際の手続です。

〈提出書類〉

①　労働者災害補償保険　特別加入申請書（海外派遣者）

②　海外派遣に関する報告書

※　海外派遣の内容が具体的に確定していない場合は，確定したときに提出

〈提 出 先〉

所轄の労働基準監督署長を経由して所轄の都道府県労働局長へ提出

〈提出期限〉

特別加入を希望する日の前日

**ATTENTION**

海外派遣による労災の特別加入は遡及加入ができません。

例えば「特別加入を希望する日」を9月1日と記載した申請書を9月5日に提出した場合，9月6日で加入が承認されることになります。承認前に発生した災害に関しては給付の対象とならないため注意が必要です。

中小事業の代表者などとして派遣される方は，「業務の内容」欄に，派遣先

の事業における地位，派遣先の事業の種類，当該事業における労働者数および所定労働時間の付記が必要です。この場合，派遣先の事業の規模などを把握するための資料（派遣先事業に係る労働者名簿の写しまたは派遣先の事業案内など）の添付が必要です。

特別加入の申請が承認されると，後日労働局より海外特別加入者の労働保険料・概算保険料申告書が事業所あてに送付されます。

この概算保険料申告書は労働局または労働基準監督署に提出し，概算保険料は金融機関で納付します。

※　特別加入の申請が承認されると，従来は労働局より特別加入承認通知書が発行されていましたが，平成23年度からは発行されなくなりました。よって，労働局の受理印が押された申請書・報告書の控を通知書の代わりとして必ず保管するようにしてください。

## 労働者災害補償保険　特別加入申請書（海外派遣者）

■　様式第34号の11（表面）　■

### 労働者災害補償保険　特別加入申請書（海外派遣者）

帳票種別　3 6 2 3 1

◎裏面の注意事項を読んでから記載してください。
※印の欄は記載しないでください。（職員が記載します。）

① ※第３種特別加入に係る労働保険番号（府県｜所掌｜管轄｜基幹番号｜枝番号）

※受付年月日　9 令和　元号　年　月　日（1～9年は右へ｜1～9月は右へ｜1～9日は右へ）

② 団体の名称又は事業主の氏名（事業主が法人その他の団体であるときはその名称）

③ 申請に係る事業

| | |
|---|---|
| 労働保険番号（府県・所掌・管轄・基幹番号・枝番号） | 1 3 1 0 1 0 0 0 0 0 0 3 0 1 |
| 名称（フリガナ） | シーエス　アカウンティング　カブシキガイシャ |
| 名称（漢字） | ＣＳアカウンティング株式会社 |
| 事業場の所在地 | 東京都新宿区西新宿１－25－１ |
| 事業の種類 | その他各種事業 |

④ 特別加入予定者　　加入予定者数　計　1　名

＊この用紙に記載しきれない場合には、別紙に記載すること。

| 特別加入予定者 | 派遣先 | | 派遣先の事業において従事する業務の内容（業務内容、地位・役職名、労働者の人数及び就業時間など） | 希望する給付基礎日額 |
|---|---|---|---|---|
| フリガナ 氏名　シーエス　タロウ　ＣＳ　太郎 | 事業の名称　CS Accounting NY Branch | 派遣先国　アメリカ | 経理，給与計算<br>総務課員<br>所定労働時間<br>9：00～18：00 | 14,000 円 |
| 生年月日　年　月　日 | 事業場の所在地　201 chapel Street, NY | | | |
| フリガナ 氏名 | 事業の名称 | 派遣先国 | | 円 |
| 生年月日　年　月　日 | 事業場の所在地 | | | |
| フリガナ 氏名 | 事業の名称 | 派遣先国 | | 円 |
| 生年月日　年　月　日 | 事業場の所在地 | | | |
| フリガナ 氏名 | 事業の名称 | 派遣先国 | | 円 |
| 生年月日　年　月　日 | 事業場の所在地 | | | |

⑤ 特別加入を希望する日（申請日の翌日から起算して30日以内）　年　月　日

折り曲げる場合には（▶）の所で折り曲げてください。

上記のとおり特別加入の申請をします。

〒 163 － 0631　　電話（ 03 ）5908 － 3423

令和１ 年　8 月　21 日

団体又は事業主の住所　東京都新宿区西新宿１－25－１

東京　労働局長　殿

団体の名称又は事業主の氏名　ＣＳアカウンティング株式会社　代表取締役　ＣＳ一郎　印

（法人その他の団体であるときはその名称及び代表者の氏名）

■

## 海外派遣に関する報告書

特様式第5号

### 労働者災害補償保険　海外派遣に関する報告書

帳票種別 3 6 2 3 3

※印の欄は記載しないでください。（職員が記載します。）

| | |
|---|---|
| 労働保険番号（府県・所掌・管轄・基幹番号・枝番号） | 1 3 1 0 1 0 0 0 0 0 0 3 0 1 |
| ※受付年月日 | 9 令和　元号　年　月　日（1〜9年は右へ　1〜9月は右へ　1〜9日は右へ） |

| | | | |
|---|---|---|---|
| 派遣者氏名 | フリガナ　シーエス　タロウ<br>漢字　ＣＳ　太郎 | ※整理番号 | |
| | | 性別 | (男)・女 |
| 生年月日 | 昭和 50 年 1 月 1 日 （ 44 歳） | | |
| 国内における住所 | 東京都新宿区西新宿○−○−○ | | |
| 派遣元の事業場名 | ＣＳアカウンティング株式会社 | | |
| 派遣先　事業の名称 | ＣＳアカウンティング株式会社　ニューヨーク支店 | | |
| 派遣先　事業の所在地 | 201 chapel Street, NY, NY 00000 USA | | |
| 派遣先　事業の種類及び規模 | 10 人 | | |
| 派遣予定期間 | 1 年 9 月 1 日から　4 年 8 月 31 日まで | | |
| 派遣先における地位・役職名 | 1 技術協力　3 代表者等　(5 労働者)　（地位・役職名）総務課員 | | |
| 具体的な業務の内容 | 現地スタッフの給与計算 | | |
| 派遣先における住所 | ○○○ chapel Street, NY | | |
| 給付基礎日額 | 14,000 円 | | |

折り曲げる場合には（▶）の所で折り曲げてください。

上記のとおり海外派遣させるので報告します。

郵便番号 163 − 0631　電話番号 03 − 5908 − 3423

令和1 年 9 月 1 日

東京　労働局長　殿

名　称　ＣＳアカウンティング株式会社

事業の　主たる事務所の所在地　東京都新宿区西新宿１−25−１

代表者の氏名　ＣＳ　一郎　印

〔注意〕
1. この報告書は、海外派遣の内容が具体的に確定したときに提出すること。
2. 労働保険番号は第3種特別加入保険料に係る保険番号を記載すること。
3. 「代表者の氏名」欄は、記名押印することに代えて、自筆による署名をすることができる。

赴任者

# 9　社会保険資格を喪失した場合の健康保険

国内に扶養家族を残したまま社会保険の資格を喪失する場合は，家族が加入できる健康保険について検討が必要です。

海外赴任の形態で説明したように，転籍（移籍出向）では，従業員と雇用関係にあった企業との間の労働契約を終了して，新たに他の企業に雇い入れることになります。元の会社を退職することになるため，健康保険や厚生年金保険，雇用保険等の資格も喪失することになります。

海外赴任中，家族全員で海外に居住する場合は，民間の海外旅行保険や現地の健康保険制度を利用すれば特に不自由はないと思われます。ただし，扶養家族を日本に残して赴任する場合は，残された家族の健康保険について考える必要があります。具体的に加入できる制度は下記の２つになります。

## 1．国民健康保険制度

国民健康保険は，その市区町村に居住している人が対象になります。よって市町村の住民登録を抹消している海外赴任者本人は，被保険者ではなくなります。

保険料を納めるのは，国民健康保険の加入者であるなしにかかわらず，各世帯の世帯主です。ただし，保険料がかかるのは加入者のみとなります。

**例：平成31年東京都〇区の国民健康保険料の計算方法**
**【医療分】最高限度額61万円**

| | | |
|---|---|---|
| ① | 平等割額 | 19,000円 |
| ② | 均等割額 | 世帯の国保加入者数 × 18,500円 |
| ③ | 所得割額 | 世帯の各人の基礎控除後の総所得金額等合計額 × 0.05 |
| ④ | 資産割額 | 世帯の固定資産税額 × 0.38 |

**【後期高齢者支援金分】　最高限度額19万円**

① 平等割額　4,300円

② 均等割額　世帯の国保加入者数 × 6,200円

③ 所得割額　世帯の各人の基礎控除後の総所得金額等合計額 × 0.013

④ 資産割額　世帯の固定資産税額 × 0.1

**【介護分】　最高限度額16万円**

① 平等割額　5,200円

② 均等割額　世帯の国保加入者のうち40～65歳未満の人数 × 8,000円

③ 所得割額　世帯の国保加入者のうち40～65歳未満の方の基礎控除後の総所得金額等合計額 × 0.012

④ 資産割額　世帯の固定資産税額 × 0.08

国民健康保険の加入者が海外赴任者の被扶養者であった妻（40歳）と子1名であり，それぞれ前年の所得及び固定資産がない場合の国民健康保険料は，

医療分：2 × 18,500円 + 19,000円 = 56,000円

後期高齢者支援金分：2 × 6,200円 + 4,300円 = 16,700円

介護分：1 × 8,000円 + 5,200円 = 13,200円

合計　85,900円（年間）

になります。

※　国民健康保険料の計算は市区町村ごとによって異なりますので，詳細はお住まいの市区町村へご確認ください。

## 2．健康保険の任意継続制度

会社などを退職して被保険者の資格を喪失したときなどに，個人の申出により最長2年間被保険者となることができる制度です。国民健康保険と違い，任意継続制度では海外赴任者本人が引続き被保険者になり，被扶養者についても生計維持関係等所定の要件を満たしていれば引続き被扶養者になれます。

健康保険法などの法律によって定められているものについては資格喪失前とほぼ変わらない保険給付を受けることが可能ですが，健康保険組合等が独自で

行っている付加給付等については受けられない場合があります。

**①　任意継続制度に加入できる要件**

(1) 資格喪失日（退職の翌日）の前日までに継続して2カ月以上の被保険者期間があること。

(2) 資格喪失日（退職の翌日）から20日以内に申請すること。

※　資格喪失日から20日を超えると任意継続の加入ができなくなるため注意が必要です。郵送による提出の場合は書類到着が20日以内となるようにする必要があります。20日目が土日・祝日の場合は翌営業日が期限になります。

**②　任意継続時の保険料**

任意継続被保険者の保険料は退職したときの額か，前年度9月30日現在の保険者が管掌する全被保険者の標準報酬の平均額のいずれか低い額を基準にして決まります。なお，在職中の保険料は被保険者と事業主で折半ですが，資格喪失後は事業主負担分も含めた保険料全額を自己で負担する必要があります。

※　保険料は，その月の10日までに着金するように納付する必要があります。納付期日を過ぎると任意継続被保険者の資格がなくなるため注意が必要です。

## 健康保険　任意継続被保険者　資格取得申出書

### 健康保険 任意継続被保険者 資格取得 申出書　申出者記入用　取

記入方法および添付書類等については、「健康保険 任意継続被保険者 資格取得 申出書 記入の手引き」をご確認ください。
申出書は、楷書で枠内に丁寧にご記入ください。　記入見本 0 1 2 3 4 5 6 7 8 9 ア イ ウ

**申出者情報**

|  |  |
|---|---|
| 勤務していた時に使用していた被保険者証の発行都道府県 | 東京 支部 |
| 勤務していた時に使用していた被保険者証の（左づめ） | 記号 10000000　番号 1000000 |
| 生年月日 | ■昭和 □平成 □令和　50 年 01 月 01 日 |
| 氏名・印 | (フリガナ) シーエス　タロウ<br>ＣＳ　太郎　印 |
| | 自署の場合は押印を省略できます。 |
| 性別 | ■男 □女 |
| 住所 | (〒 161 － 0631 )　東京 都(○)道府県　新宿区西新宿１－１－１ |
| 電話番号（日中の連絡先） | TEL 03 ( 1234 ) 5678 |

|  |  |
|---|---|
| 勤務していた事業所の | 名称 CSアカウンティング株式会社　所在地 東京都新宿区西新宿１－25－１ |
| 資格喪失年月日（退職日の翌日） | 令和 01 年 09 月 01 日 |
| 保険料の納付方法 | 保険料の納付方法について、希望する番号をご記入ください。<br>1　1. 口座振替（毎月納付のみ）　2. 毎月納付　3. 6か月前納　4. 12か月前納 |
| | 「口座振替」を希望される方は、別途「口座振替依頼書」の提出が必要です。 |

### 健康保険 被扶養者届【資格取得時】

●任意継続被保険者の資格取得時に、被扶養者となられる方についてご記入ください。
●資格取得日の翌日以降に被扶養者となられる方は、別途「被扶養者（異動）届」をご提出ください。

**被扶養者欄**

| 氏名 | 生年月日 | 性別 | 続柄 | 職業 | 年間収入 | 同居別居の別 | マイナンバー |
|---|---|---|---|---|---|---|---|
| (フリガナ) シーエス　ハナコ<br>(氏) ＣＳ　(名) 花子 | □昭和 ■平成 □令和　20 年 01 月 01 日 | □男 ■女 | 子 | 小学生 | 0 万円 | □同居 ■別居（国内在住） □別居（海外在住） | 1 2 3 4 5 6 7 8 9 0 1 2 |
| (フリガナ)<br>(氏)　(名) | □昭和 □平成 □令和　年 月 日 | □男 □女 | | | 万円 | □同居 □別居（国内在住） □別居（海外在住） | |
| (フリガナ)<br>(氏)　(名) | □昭和 □平成 □令和　年 月 日 | □男 □女 | | | 万円 | □同居 □別居（国内在住） □別居（海外在住） | |
| (フリガナ)<br>(氏)　(名) | □昭和 □平成 □令和　年 月 日 | □男 □女 | | | 万円 | □同居 □別居（国内在住） □別居（海外在住） | |

扶養に関する申立欄　　左記の事実に相違ありません。　被保険者氏名　印

被保険者のマイナンバー記載欄
（被保険者証の記号番号を記入した場合は記入不要です）
マイナンバーを記入した場合は、必ず本人確認書類を添付してください。 ▶ □□□□□□□□□□□□

(2019.5)

社会保険労務士の提出代行者名記載欄　印

受付日付印

様式番号　200110　　協会使用欄　1

全国健康保険協会
協会けんぽ

(1/1)

※　赴任のため任意継続被保険者は海外に居住し，家族（被扶養者）は日本にそのまま居住する場合は「申出者の住所」欄には国内の住所を記載します。納付書等の書類はこの国内住所に送付されます。

赴任者

# 10　社会保険資格を喪失した場合の国民年金

国民年金に任意加入しておくと，将来受給する老齢年金額を増やすことができます。

## Ⅰ　社会保険資格を喪失した場合の赴任期間の取扱い

現在の日本の年金制度では，将来老齢年金を受けるためには原則10年以上の受給資格期間が必要です※。日本国籍を有する人が20歳から60歳までの間に海外に在住し，その間日本の年金制度に加入していなかった場合，その期間は，「合算対象期間」（カラ期間）となり受給資格期間とみなされます。すなわち合算対象期間とは，国民年金に任意加入できる人が任意加入しなかった期間などをいいます。この場合，年金加入期間と合算対象期間をあわせて25年以上あれば，将来老齢年金を受けることができます。

ただし，年金額は，実際の年金加入期間や納めた保険料に応じて計算されますので，合算対象期間は年金額の計算の対象にはなりません。

※　海外在住中に日本の年金制度に加入しなくても，社会保障協定の協定相手国に赴任し現地の年金制度に加入していた場合，その加入期間は，日本の年金の加入期間として取り扱うことができます（イギリス・韓国・イタリア（発行準備中）・中国を除きます）。

**図表10　年金の受給資格期間**

| 年金加入期間 | 合算対象期間 | 年金加入期間 |
|---|---|---|

←――――――――――――――――――――→
合計10年以上あれば老齢年金の受給可能

## Ⅱ　老齢基礎年金の額

将来受給できる老齢基礎年金の額は，被保険者期間中の保険料納付済期間により変わります。

例えば，20歳から60歳になるまで40年間の全期間保険料を納めた方は，65歳から満額の老齢基礎年金が支給されます（令和元年度の老齢基礎年金の満額は780,100円）。

また，経済的な理由等で国民年金保険料の納付が全額または一部免除になった場合は，それぞれ保険料を満額納付した場合と比較して次の割合で年金が支給されます。

・　保険料全額免除期間：２分の１（平成21年３月分までは３分の１）
・　保険料４分の１納付期間：８分の５（平成21年３月分までは２分の１）
・　保険料半額納付期間：８分の６（平成21年３月分までは３分の２）
・　保険料４分の３納付の期間：８分の７（平成21年３月分までは６分の５）

なお，合算対象期間は年金の受給資格期間とはみなされますが，年金の受給額においては，保険料未納期間と同じく年金額の計算の対象になりません。

## Ⅲ 赴任中に任意加入することも可能

海外に住んでいる日本国籍を有する20歳以上65歳未満の方は，申出をすれば国民年金に任意加入し，保険料を納めることができます。国民年金の任意加入をして保険料を納付すると，その期間は合算対象期間ではなく保険料納付済期間になるため，将来もらえる年金額を増やすことが可能になります。

なお，国民年金の任意加入は途中でやめることもできますが，任意加入をやめると，将来の老齢基礎年金の受給金額が減ることになります。

**国民年金任意加入の申込窓口**

・これから海外に転居する場合：住所地の市区町村窓口
・すでに海外に居住している場合：日本国内における最後の住所地を管轄する年金事務所
・本人が日本国内に住所を有したことがない場合：千代田年金事務所（東京都）

**国民年金保険料（令和元年度）**

月額16,410円（付加保険料400円）
保険料の前払いにより割引される前納制度もあります。

# 11　配偶者の雇用保険の受給期間延長申請

海外赴任に伴って配偶者が退職する場合は，雇用保険の受給期間延長申請をしておくことで，帰国後に失業給付が受給できる場合があります。

## Ⅰ 配偶者の退職

海外赴任に伴い，配偶者が退職する話はよく聞かれます。失業給付の受給要件の部分でも説明しますが，失業給付は申し込めばいつでも受給できるものではなく，受給期間等の要件を満たしていることが必要になります。

ここでは海外赴任期間が１年を超えた場合でも，事前に手続をすることで配偶者が失業給付を受給できる方法についてご紹介します。

## Ⅱ 失業給付の受給期間

雇用保険の失業給付を受給できる期間は，原則として，離職した日の翌日から１年間（失業給付の所定給付日数が330日の方は１年と30日，360日の方は１年と60日）です。

図表11　失業給付の受給期間

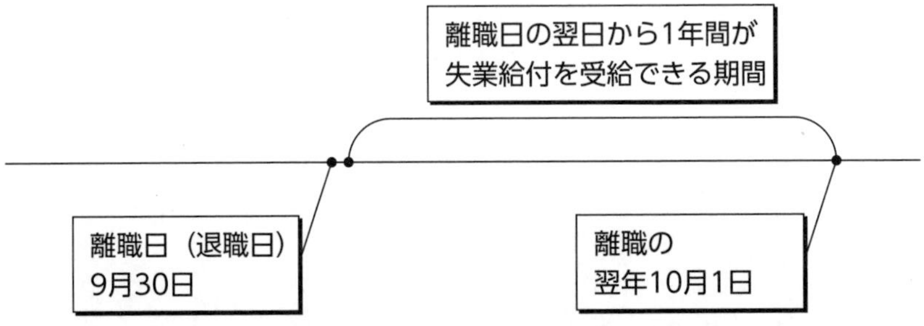

## Ⅲ 受給期間延長

病気やケガ，妊娠，出産，育児，親族の看護，配偶者の海外赴任に同行する等の理由ですぐに働けない方は，「失業」の状態と認められないため，失業給付を受けることができません。このような場合に受給期間を延長すると通常1年の受給期間を最大3年間伸ばすことができます。ただし，失業給付を受け取れる日数が多くなるわけではありませんのでご注意ください。

この制度を利用すると，例えば海外赴任が2年の場合，配偶者は帰国後に求職活動をしていればその間に失業給付を受給することが可能になります。

なお，受給期間の延長は，通常の受給期間（1年間）において上記理由で働くことができないためのものであるため，もし延長期間中に就労すると不正とみなされる可能性があります。

## Ⅳ 受給期間延長の手続

届出は代理人によって行ったり，郵送で行ったりすることも可能ですが代理人の場合は委任状が必要です。

**〈提出書類〉**

受給期間延長申請書

**〈添付書類〉**

離職票または雇用保険受給資格者証，延長理由を確認できる書類（赴任の辞令等），夫婦関係を証明するもの（続柄の記載のある住民票のコピーまたは戸籍謄本のコピー），離職票記載の住所と現在の住所が違う場合は住民票のコピー，パスポートの写し（氏名，顔写真のページおよび出国のスタンプが押されているページ），郵送の場合は返信用封筒

**〈提出期限〉**

離職日の翌日以後30日を経過した日の翌日以降早期に

※　離職の日の翌日から起算して延長後の受給期間の最後の日まで申請はできますが，申請が遅いと延長申請を行っても失業給付を全て受給できない可能性があるため，早めの申請をおすすめします。

〈提 出 先〉

住所地を管轄するハローワーク

## 受給期間延長申請書

様式第16号

□ 受給期間 □ 教育訓練給付適用対象期間 □ 高年齢雇用継続給付　延長申請書

| | | | | | | | |
|---|---|---|---|---|---|---|---|
| 1 申請者 | 氏　名 | ＣＳ　花子 | 生年月日 | 昭和55 年 1 月 1 日 | | 性 別 | ○ 男 ・ ● 女 |
| | 住所又は居所 | 〒 161 － 0631<br>新宿区西新宿○－○－○<br>（電話　03 － 1234 － 5678 ） | | | | | |
| 2 | 申請する延長の種類 | ■ 受 給 期 間　□ 教育訓練給付適用対象期間　□ 高年齢雇用継続給付 | | | | | |
| 3 | 離職年月日 | 平成 31 年 3 月 31 日 | 4 被保険者となった年月日 | 平成 24 年 4 月 1 日 | | | |
| 5 | 被保険者番号 | ○○○○－○○○○○○－○ | | | | | |
| 6 | 支 給 番 号 | | | | | | |
| 7 | この申請書を提出する理由 | ■ イ　妊娠、出産、育児、疾病、負傷等により職業に就く（対象教育訓練の受講を開始する）ことができないため<br>□ ロ　定年等の理由により離職し、一定期間求職の申込みをしないことを希望するため<br>具体的理由　配偶者の海外赴任に同行するため<br>出国日：令和1年9月1日<br>事業主の命令による配偶者の海外勤務に同行するため（出国日　年　月　日） | | | | | |
| 8 | 職業に就く（対象教育訓練の受講を開始する）ことができない期間又は求職の申込みをしないことを希望する期間 | 令和　年　月　日から<br>令和　年　月　日まで | ※ 処理欄 | 令和　年　月　日から<br>令和　年　月　日まで | | | |
| ※ | 延長後の受給（教育訓練給付適用対象）期間満了年月日 | 令和　年　月　日 | | | | | |
| 9 | 7のイの理由が疾病又は負傷の場合 | 傷病の名称 | | 診療機関の名称・診療担当者 | | | |

継続中

最大3年間延長可能

継続中

□ 雇用保険法施行規則　　　　の規定により、上記のとおり受給期間の延長を申請します。

□ 雇用保険法施行規則第101条の2の3第1項の規定により、上記のとおり教育訓練給付に係る適用対象期間の延長を申請します。

□ 上記のとおり高年齢雇用継続給付の次回の支給申請可能な支給対象月に係る延長を申請します。

令和 1 年 9 月 30 日

公共職業安定所長　殿　　　申請者氏名　ＣＳ　花子　印

| 備考 | | |
|---|---|---|
| | 離職票交付安定所名 | |
| | 離職票交付年月日 | |
| | 離職票交付番号 | |

※帳票種別

□ 10206：受給期間

(1) 支給番号

□ － □ － □

(2) 職業に就くことができない期間又は求職申込みをしない期間

令和□年□月□日 － 令和□年□月□日 － 理由□

1 妊娠、出産、育児
2 疾病、負傷（高年齢の場合は1）
3 安定所長がやむをえないと認める理由（高年齢の場合は1）
4 定年等（高年齢の場合は2）

| ※ 所長 | | 次長 | | 課長 | | 係長 | | 係 | | 操作者 | |
|---|---|---|---|---|---|---|---|---|---|---|---|

会社

# 12　未消化の年次有給休暇について

海外赴任の際に未消化の年次有給休暇がある場合の取扱いについてです。

## Ⅰ 年次有給休暇の趣旨

年次有給休暇の趣旨は，労働者に経済的な不安を生じさせることなく，休息の機会を付与することにあります。よって，海外赴任決定の際に未消化の有給休暇がある場合は，まずは赴任の日までに計画的に有給休暇を取得してもらうことが望ましいとされます。そのうえで未消化の有給休暇が残った場合は，

① 海外赴任先で未消化の有給休暇を使用する

② 未消化の有給休暇を買い上げる

等の措置が考えられます。

## Ⅱ 有給休暇の買上げについて

労働基準法39条に定められている年次有給休暇は，本来，労働者を長時間・長期間の労働から解放し心身の疲労を回復させるとともに，健康で文化的な生活の実現に資するために設けられた制度です。厚生労働省の「労働時間等見直しガイドライン」でも，「事業主は年次有給休暇を取得しやすい環境の整備その他の必要な措置を講ずるよう努めなければならない」とされています。よって，年休の買上げを認めることは，労働者が現実に休息を取得する機会を奪ってしまうことになり，労働基準法の趣旨に反するものといえます。

一般的に有給休暇は，労働基準法39条により付与される「法定部分」と，就業規則や労働協約などによって自主的に設けた「法定外部分」（法定の年次有給休暇の数を上回って付与される有給休暇数や，時効によって消滅した有給休暇を積み立てて，傷病等の特定の目的のために利用する積立有給休暇など）

があります。

労働基準法の規制対象となっている年次有給休暇は法定部分になります。

これに対して法定外部分の有給休暇の買上げについては，自主的に決めることが可能です。行政解釈（昭和23年３月31日基発513号）でも「労働基準法第39条に定められた有給休暇日数を超える日数を労使間で協約しているときは，その超えた日数分については，労働基準法39条によらず労使間で定めるところによって取り扱って差支えない」とされています。

## Ⅲ 転籍の場合の有給買上げ

ここまでは有給休暇買上げについての原則になりますが，退職時に消化しきれなかった有給休暇を買い上げる場合などは，例外的に法定部分についても認められます。例えば転籍する場合等は，元の会社を退職することになるため，このケースに該当します。

このように退職（転籍）に伴い有給休暇を買い上げる場合は，退職所得となるため，取扱いは次のようになります。

- 社会保険料・雇用保険料の控除なし
- 所得税については退職所得の計算方法を適用

退職所得の計算を適用すると退職所得控除額は最低80万円になるため，控除される税金は０円か，かかったとしても比較的少額になる場合が多いと思われます。

## Ⅳ 出向の際の有給買上げ

出向の場合は，出向元との雇用契約が継続されるため，可能であれば未消化の有給休暇を海外赴任先で消化できることが望ましいといえます。ただし繰越日数を含めた未消化の有給休暇の日数が，現地従業員の有給付与数と比較してあまりに多く，現地での消化が難しいと予想される場合には，恩恵的に未消化の有給休暇を金銭で買い上げることも１つの方法になります。

この場合に買い上げる有給休暇は，給与として処理するのではなく，賞与として取り扱うことになります。よって，出向の場合の有給買上げについては，次のようになります。

- 社会保険料を控除のうえ，賞与支払届を健康保険組合・年金事務所等に提出
- 雇用保険料を控除
- 所得税は「賞与に対する源泉徴収税額の算出率の表」を使用して税額を計算

## Ⅴ 有給休暇の買上げ額

有給休暇の買上げ額については，そもそも例外的に認められている措置になるため，法令等で定められた基準はありません。よって，法定部分・法定外部分ともに有給休暇の買上げ額について任意で決めることができます。

例えば有給休暇の買上げ額を１日につき一律に１万円などとすることも可能ですが，一般的には通常出勤した場合の１日の賃金の額を１日の有給休暇分として支給する会社が多いようです。

# 13 転出届

1年を超えて海外に居住する場合は，市区町村に転出届を提出します。

## Ⅰ 転出届の提出

海外赴任の内示が出てから実際に赴任するまでの期間は1～3カ月と短いことが一般的なため，限られた時間内に身の回りの手続を済ませるのは大変かと思います。しかし転出届の提出を怠ると，住民税や介護保険等に影響が出る可能性があるため，忘れないように提出が必要です。

## Ⅱ 転出届の詳細

概ね1年を超えて海外に居住する場合は，今まで住んでいた市町村の区域外に住所を移すこと（転出）になるため転出届を提出しなければなりません。（住民基本台帳法第24条）なお，海外旅行または1年未満の海外出張等の場合は，この届出は必要ありません。

**〈提出書類〉**

転出届

**〈添付書類〉**

本人確認書類（運転免許証，パスポート等）

通知カード・マイナンバーカード（返納手続のため）

**〈提 出 先〉**

住所地の市町村窓口（親族等の代理人の提出や郵送も可能）

**〈提出期限〉**

あらかじめ，または転出した日から14日以内

### 1．転出届の提出後の住民票の発行

転出届に記入された異動日（転出予定日）の前日までは住民票の発行が可能です。

転出予定日以降は，除かれた住民票（住民票除票）の発行となります。

### 2．住民票除票について

住民票に記載されている事柄の他に，転出先の住所と異動年月日が記載されます。また，除票後５年間は住民票除票の発行が可能ですが，除票後５年を経過すると住民票除票の発行ができなくなります。

**ATTENTION**

**！ 転出届の提出をしていないと次のようなことが起こります**

・　在外選挙の手続ができなくなります（詳細は第４章 5 「2　在外選挙」をご参照ください）。
・　40～65歳未満の方は，介護保険料の支払い義務が生じる場合があります。
・　住民税の納税義務が生じる場合があります※。

※　個人住民税の賦課期日は１月１日となっているため，この日に国内に住所を有していると，前年の所得に係る住民税の納付義務が発生する場合があります。

## Ⅲ 印鑑登録証明書

印鑑登録をしている場合は，転出予定日の前日まで印鑑登録証明書の交付ができます。その際は印鑑登録証の提出が必要です。ただし，転出予定日に印鑑登録は自動的に廃止となり，以後は印鑑登録証明書の発行は一切できなくなります。

会社

# 1 居住者と非居住者の違い

従業員を海外に赴任させる場合，日本の居住者のままで滞在となる場合と，非居住者として滞在となる場合があります。

従業員を海外に赴任させる場合，海外への赴任期間が１年未満の場合と１年以上の赴任期間によって，居住者となるか非居住者となるかが決まり，居住者となるか非居住者となるかによって，日本での課税所得の範囲や課税の方法が異なるため，この判定が重要となります。

## Ⅰ 居住者・非居住者の違い

日本の所得税法では，「居住者」とは，国内に「住所」を有し，または，現在まで引続き１年以上「居所」を有する個人をいい，「居住者」以外の個人を「非居住者」と規定しています。

「住所」は，「個人の生活の本拠」をいい，「生活の本拠」かどうかは「客観的事実によって判定する」ことになり，「住所」は，その人の生活の中心がどこかで判定されます。

ある人の滞在地が２カ国以上にわたる場合に，その住所がどこにあるかを判定するためには，職務内容や契約等を基に「住所の推定」を行うことになります。「居所」は，「その人の生活の本拠ではないが，その人が現実に居住している場所」とされています。

したがって，居住者，非居住者の区分は，「その人の国籍や在留資格」は関係なく，「その人の住所や１年以上継続した居所が国内にあるか否か」により判断します。

つまり，海外赴任中とはいえ，海外赴任期間が半年程で日本を離れている期間が１年未満となる場合は，日本の居住者となります。

一方で，１年以上の赴任期間となる場合は，日本を出国した日の翌日から日本の非居住者となります。

例：２年間の予定で海外へ赴任する場合

　　出国日　３月６日

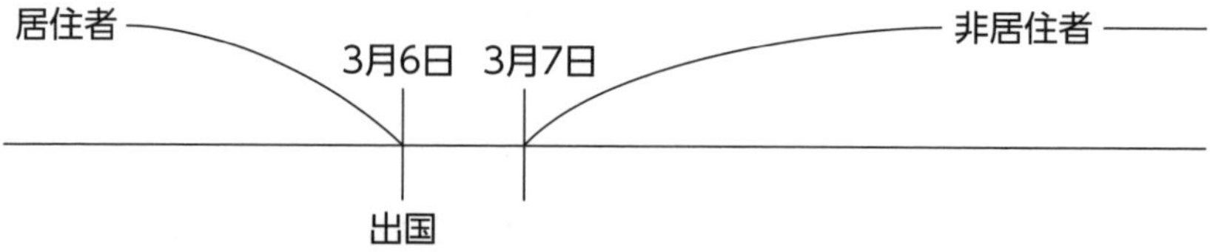


日本の居住者の場合，国内源泉所得だけでなく，国外における所得も課税の対象となります。要は，どこで給与の支払いを受けたとしても，日本で所得税の課税を受けるということになります。この場合，日本国内において給与の支払いがなされれば，日本での給与支払いを行う会社が源泉徴収義務者となり，源泉徴収の義務が生じますが，給与の支払いが赴任先などの海外の勤務先の場合は，日本の会社には源泉徴収義務は生じませんが，本人としては，確定申告を行う義務が生じてきます。

これに対して，非居住者の場合，日本において課税対象となるのは，国内源泉所得のみで，非居住者の国外源泉の給与等に対して，所得税の課税対象とはならず，源泉徴収も不要です。

ただし，注意が必要なのは，海外勤務期間中であっても，一時的に日本に戻り，国内勤務を行った場合，国内勤務期間に対する給与等は日本の国内源泉所得となるため，非居住者であったとしても，日本の所得税の課税が生じます(ただし租税条約の短期滞在者の規定の適用により，日本で免税となる場合もあります)。

## Ⅱ 国内源泉所得とは

国内源泉所得とは，国内で生じる所得をいいます。給与等のうち，日本国内において行う勤務に基因する給与が国内源泉所得となります。ただし，役員の場合は別ルール（法人所在地国課税）が採用され，勤務地にかかわらず日本法人の役員として支給される給与は国内源泉所得となります（所得税法161条）。

給与における所得の源泉地は，勤務地です。勤務地とは，勤務者と給与支払いの基因となる役務提供時に現実に居る場所を指すため，どこの会社のために働いたかという実態は給与所得の源泉地には関係なく，どの国で給与が支払われ，どこで負担されるかも関係ありません。

勤務が日本と海外の双方に及ぶ場合には，基本的には給与等のうち，日本滞在日数に対する金額を日数で按分して日本の国内源泉所得とします。

$$\text{国内源泉所得}=\text{給与等の総額}\times\frac{\text{国内勤務期間}}{\text{給与所得の計算基礎期間}}$$

※　国内勤務により給与の額が加算されている場合は，按分計算はせずに，全額国内源泉所得とします。

## 2 海外赴任期間の変更

予定した海外勤務期間が変更になることはよくあることです。１年以上の海外勤務を予定して出国した人については，その後に事情が変わり１年で帰国したとしても，海外勤務期間中については非居住者として取り扱われるため，過去の課税関係を訂正する必要はありません。

つまり，出国した翌日から赴任期間の短縮が後発的な事情で変更となるまでは，所得税法上，非居住者のままとなり，赴任期間が１年未満になることが明らかになった日から，居住者となります。

逆に，１年未満の赴任予定としていた者が，赴任期間が延長となる場合も同様に，過去に遡り，課税関係の訂正は必要ありません。

### Ⅰ 考え方

海外勤務者として出国した人が居住者に該当するか非居住者に該当するかは，その人の出国時における海外滞在期間があらかじめ１年以上となる業務に従事することになるか否かによって判断されます。

所得税法施行令15条１項１号によると，「その者が，国外において継続して１年以上居住することを通常必要とする職業を有すること」となる場合には，「国内に住所を有していない者と推定する」とされています。

つまり，海外に勤務する期間が契約などにより，あらかじめ１年未満であることが明らかである場合を除き，出国の翌日から非居住者として取り扱われることになります。

しかしながら，ときとして，赴任期間が明確に定められていない場合も想定されます。この場合には，あらかじめ赴任期間を定めていない場合でも，一般的には相当の期間にわたって継続してその地に居住することが予定されているものと考えます。

## Ⅱ　1年以上の予定が1年未満になった場合

海外勤務期間が1年以上と予定されるなど，出国の翌日から「非居住者」となった場合でも，その後やむを得ない事情で結果的に海外勤務期間が1年未満になったということも考えられます。

このような場合でも，「居住者」「非居住者」の判定は，「出国時の海外勤務期間の見込みがあったか否か」が基準となります。

仮に，海外への赴任期間が2年の予定であった場合，（1年以上）その後仮に1年未満の間にやむを得ない事情で帰国した場合であっても，その海外勤務期間中は当初の見込み通り「非居住者」として取り扱われます。

つまり，結果的に1年未満の海外勤務期間であっても，その期間中は非居住者として取り扱われ，出国時に遡って過去の非課税処理を訂正する必要はありません。

## Ⅲ　1年未満の予定が1年以上になった場合

上述の期間が短縮された場合と同様に，出国時に1年未満の予定で赴任した者が，出国時より起算して1年以上の勤務となった場合は，1年以上の赴任が明らかになった日から，非居住者として取り扱われることになります。

非居住者として取り扱うことになった日以後に支払われる給与については，日本での勤務がある場合を除いては，日本での課税はありません。

したがって，居住者が非居住者になる時点で出国時に年末調整を行う場合と同様に，赴任勤務の延長が決まるまでの居住者期間に支払われた給与について，年末調整を行い，税額の精算を速やかに行います。

非居住者になった以降に支払われる給与については，国内勤務期間に係る部分がない限りは，非課税として処理を行うことになります。

会社

# 3 出国前・出国後に支払われる給与・賞与

出国前・出国後に支払われる給与は，出国の日を境に，処理が異なります。出国までは日本の居住者としての処理を行い，出国後は，非居住者となるため，日本での勤務がない限り，日本では課税せずに処理を行うことになります。

## Ⅰ 出国前の処理

１年以上の予定で日本を離れ，海外勤務をする人は，日本を出国した日の翌日から非居住者になりますので，原則として日本で所得税は課税されません。

したがって，会社からの給料だけで他の所得がない場合は，日本国内で出国する日までに支払われた給与，賞与について源泉徴収された所得税を出国までに精算しなければなりません。

精算の方法は，毎年12月に行う年末調整と同じ方法で，出国のときまでに会社が行います。対象となる給与と賞与は，海外に赴任する日までに支給されたものとなります。

（国税庁ホームページより）

## Ⅱ 出国後の処理

出国をした日の翌日以降は，非居住者となるので，日本での課税はなくなります。

出国後に最初に支払われる給与については，対象となる勤務期間により処理をする必要があります。

## Ⅲ 計算期間の途中で居住者から非居住者になった場合

給与の計算対象期間の途中で居住者から非居住者になった場合，非居住者になった日以後に支給日が到来する給与のうち，計算期間が１カ月以下のものについては全額が国内勤務期間に係る場合を除いて，国内源泉所得に該当しないものとして取り扱って差支えないとされています（所得税基本通達212−5）。

つまり，21日が赴任日，翌10日が給与支給日の場合，給与の支払日は出国後となります。しかしながら，上述のとおり，給与計算期間が１カ月以下であるため，全額が国内源泉所得ではないとみなされ源泉所得税額は０円になります。なお，「出国時の年末調整の対象者」で説明する年末調整にはこの給与は含まれません。

例：３年間の予定で海外へ出向する場合

　月末締・翌10日払い

　出国日が20日の場合

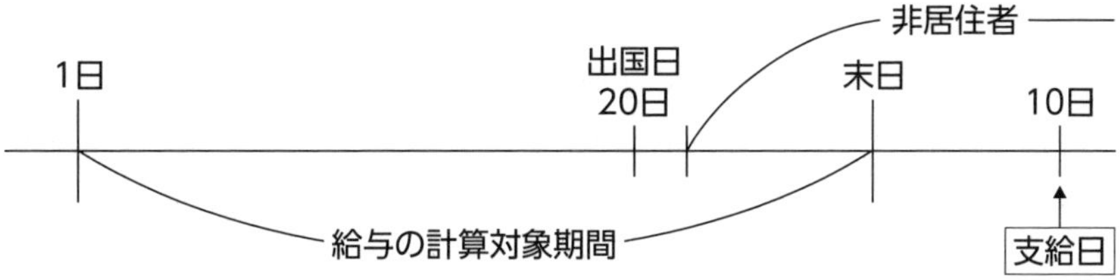


## Ⅳ 給与計算期間が出国前で支払日が出国後となる場合

出国後に支払われる給与であれば，その月に支払われる給与においては源泉徴収が不要であるとは限らず，支給対象期間によっては源泉徴収が必要となってきます。

具体的にいうと，前月１日～末日が国内勤務期間で，支払日が翌月10日となる場合は，前述とは異なります。

非居住者に支払われる給与で源泉徴収が不要となるのは，前述の通り「非居住者になった日以後に支給日が到来する給与のうち，計算期間が１カ月以下のものについては全額が国内勤務期間に係る場合を除いて」とされているため，出国後に支払われる給与であっても，全額が出国前の国内勤務期間にかかっており，国内源泉所得となるため，源泉徴収が必要となります。この場合，すでに支払日には出国をしており，非居住者となっているため，20.42パーセントの源泉徴収となります。なお「出国時の年末調整の対象者」で説明する年末調整にはこの給与は含まれません。

例：３年間の予定で海外へ出向する場合

月末締・翌10日払い・出国日が翌５日の場合

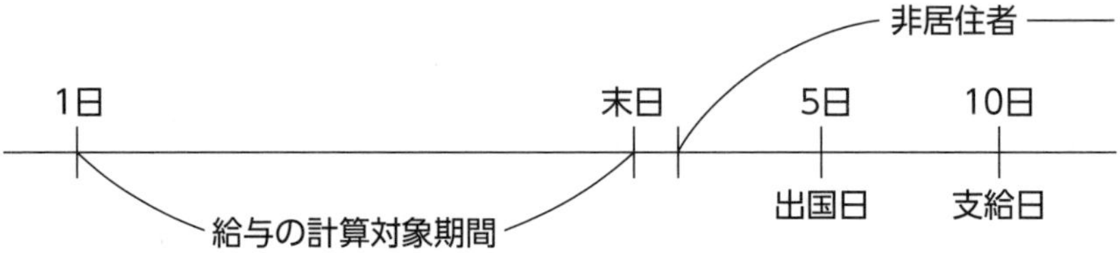


## Ⅴ 基本給と異なる計算期間の時間外手当を支給する場合

時間外手当については，国内勤務期間に該当するものとなるため，国内源泉所得であると考えられます。

しかしながら，時間外手当は，勤務時間に直接対応して計算され，基本給の追加支給的な意味合いをもつ給与であるため，時間外手当の計算期間が基本給の計算期間と異なっていたとしても，基本給と切り離して国内源泉所得として計算する必要はないと考えられます。

よって，支給される基本給と時間外手当の合計額に基づいて，その全額が国内勤務に基因したものかどうかを判定して支給すればよいでしょう。

## Ⅵ 賞　与

前述の給与の場合とは異なり，賞与の計算対象期間のうちの国内勤務期間により判別します。

つまり，賞与の計算対象期間が日本国内の勤務に係る部分であり，その計算期間が１カ月を超えている場合，国内勤務期間分については，非居住者としての源泉徴収が必要となります。

つまり，賞与の計算対象期間に国内勤務期間と国外勤務期間が係っている場合は国内勤務期間と国外勤務期間で按分して計算します。計算対象期間がすべて国内勤務期間に係るものである場合は，20.42パーセントの源泉徴収となります。

例：３年間の予定で海外へ出向する場合

出国日：２月28日

賞与支給額：300,000円

賞与の計算期間：１月１日～６月30日

賞与支給日：７月10日

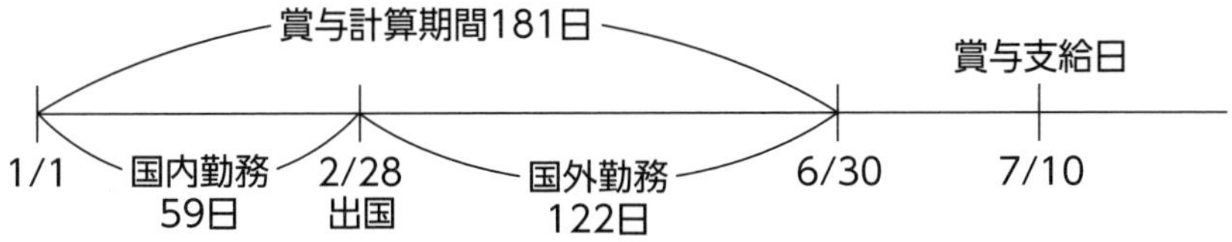


国内源泉となる賞与：$300{,}000 \times \frac{59}{181} = 97{,}790$円

源泉所得税：$97{,}790 \times 20.42\% = 19{,}968$円

会社

# 4　海外出張時の給与および注意点

海外出張時の給与計算を日本にいるときと同様に処理をしてよいか否かについては，海外出張の期間によって違ってきます。

出張期間が１年以上に及ぶか否かによって異なるだけでなく，現地での所得税，出張先での業務内容により判断が変わってくることがあるため，注意が必要となります。

## Ⅰ 出張期間

出張期間が１年以上である場合，または帰国時期が明確でない場合は，１年以上と推定されるとされ，所得税法における「非居住者」とみなされます。

この場合，出国日の翌日より「非居住者」となり，日本の会社から支払われる給与には，所得税が課されず，出張先の国での課税となります。

出張の期間が１年未満の場合，出張先での滞在が183日を超えるか，超えないかによって取扱いが異なります。

## Ⅱ 183日未満の場合

出張先が，租税条約の締結国であり，なおかつ出張者に対する給与が日本から全額支給されており，滞在日数が183日以内であれば，現地での課税が免除されます（短期滞在者免税をご参照ください）。

出張の日数が多い場合や，短期間で何度か行き来したりしている場合，滞在日数の管理が煩雑になり，日数の計算を誤りやすいので，注意が必要です。

また，出張先の業務内容によっては，出張先の国に恒久的施設を有していると判断されてしまい，法人税負担がある場合があるので，出張先での業務が恒久的施設に該当するか否かをあらかじめ，租税条約の恒久的施設条項にて確認しておくことが必要です。

## Ⅲ 183日以上，1年未満の場合

183日以上の場合，上述の短期滞在者免税の適用が受けられないため，出張先の国での納税の義務が生じてしまいます。

しかしながら，1年未満の滞在があらかじめ明確な場合，日本の居住者であるため，日本でも課税されています。

つまり，出張期間において，日本においても出張先においても課税されているという二重課税の状態となってしまいます。

この二重課税を排除するために，居住地国である，日本で外国税額控除の適用を受けることになります。

## Ⅳ 役員が出張した場合

日本において役員である者が海外において出張として勤務した場合でも，日本の役員報酬は国内源泉所得となります。

内国法人の役員としての勤務で国外において行うものも，国内で行う勤務に含まれるためです。

つまり，内国法人での役員としての勤務は特殊性があり，物理的な勤務地は関係なく，内国法人が支払う役員報酬や役員賞与についてはすべて国内源泉所得とみなされます。

会社

# 5 短期滞在者免税

給与所得については，居住する国ではなく，実際の役務提供地である勤務地での課税が原則とされています。よって，赴任先での勤務に対する給与は赴任先の国で課税されます。

しかしながら，１年のうちに何度も数週間程度の海外出張を繰り返す場合などの短期間の滞在の給与に対しても勤務先の国での課税とすると，日本と勤務先の国とでの課税が二重になってしまったり，１週間ほどの出張に対する勤務に対しての課税が生じたりと煩雑になります。そこで，一定の要件を満たせば，短期間の滞在における勤務に対しては勤務地での課税を免除するという規定が租税条約に定められています。

これは，一般に「短期滞在者免税（183日ルール）」と呼ばれています。

滞在地国で免税されるためには，以下の３つの要件をすべて満たす必要があります。なお要件は租税条約によって異なりますので必ず対象国との租税条約の規定を確認してください。

**① 滞在基準＝相手国（滞在国）での滞在期間が，課税年度において開始又は終了するいずれの12カ月においても滞在期間が183日を超えないこと**

183の数え方は「物理的滞在の日数」によります。原則として，すべての日数を含みますが，病気で出国できなくなった場合などの日数は除きます。

また，183日を数えるに当たって，起算する１年の考え方の基準が近年大きく変わっています。以前の租税条約では，課税年度ごとに１年を捉えていましたが，近年においては「当該課税年度に開始するもしくは終了する12カ月の期間を通じて」と定められています。暦年で日数を判定した従前に比べ年をまたぐ連続した12カ月で判定とした場合は，要件を満たせなくなるなど，基準が厳しくなっています。

合計日数に関しては，大部分が183日ルールですが，タイとは180日，インドとは2年間を通じて，183日とされています。

**② 支払基準＝報酬の支払者が勤務を行った締結国の居住者でないこと**

これは，支払われる報酬が勤務地の法人の費用とされていないことが求められています。海外赴任者の報酬が出張先の勤務地の国の企業ではなく，海外赴任者の報酬が日本から支払われていることを要件とします。

**③ 負担基準＝給与等の報酬が，役務提供地にある恒久的施設（支店など）によって負担されないこと（課税所得の計算上，損金に算入されないこと）**

この要件は，雇用者（日本企業）が，勤務地国（出張先）に恒久的施設を有している場合に，この恒久的施設が係る給与の負担をしないことを，意味します。実際に恒久的施設での費用としての要素があり，当該勤務が出張先の相手国の恒久的施設のためになされた役務であればこの要件を満たせないということになります。

会社

# 6 語学研修にかかわる費用

会社が社員の学資金や研修費用等を負担した場合，原則的には給与所得として課税対象に含めなければなりません。

しかしながら，海外赴任者を予定する者に対して，事前の語学研修を行う場合の費用は，赴任地で必要とされる程度である場合，給与課税しなくても差支えないとされています。

## Ⅰ 従業員に支給する金品の課税上の取扱い

一般的に会社が従業員に支給する一切の金品は，その労働に対する対価としての性質を有する場合，原則的に給与所得として課税対象に含めなければなりません。

## Ⅱ 技能修得のために支出する金品等の取扱い

所得税基本通達36－29の２によると，「使用者が自己の業務遂行上の必要に基づき，役員または使用人に当該役員または使用人としての職務に直接必要な技術もしくは知識を習得させ，または免許もしくは資格を取得させるための研修会，講習会等の出席費用または大学等における聴講費用に充てるものとして支給する金品については，これらの費用として適正なものに限り，課税しなくて差支えない」と規定されています。

つまり，実費相当を会社が直接支払う場合は，非課税の旅費と同様の取扱いとなります。

## Ⅲ 配偶者のための語学研修費用

配偶者が語学研修を受ける場合の研修費用は，形式的には社員ではないため，従業員以外の者に係る費用となるため原則は経済的利益の供与として給与所得となります。しかしながら，在外勤務となる場合においては，赴任先で日常生活を営むうえで語学の習得が必要不可欠です。費用対象の研修が実費の範囲内でなおかつ費用を会社が負担する場合は，「給与所得を有する者が勤務する場所を離れてその職務を遂行するために旅行をした場合，その旅行に必要な支出に充てるため支給される金品で，その旅行において通常必要であると認められるもの」に該当するとして，非課税とされる旅費に該当すると認められます。

配偶者に係る費用であっても合理的な金額の範囲内である場合，従業員と同様に上述に準じて，課税対象としなくても差支えないとされます。

しかしながら，子女に係る費用の場合は，課税となります。

会社

# 7 赴任支度金

海外勤務を命ずるに当たり，物品の購入等を目的として，赴任支度金を支払う企業が多くみられます。

単身での赴任であるか家族帯同での赴任によって金額設定をする企業や，社内の資格等級により金額を設定する企業，赴任地ごとに設定する企業など様々ですが，支給の仕方によって，所得税の課税対象となるか，否かで異なってきます。

## Ⅰ 支度金の課税処理

外国において，その者の社員または日本人としての品位または尊厳を維持するうえで，必要な支度を整えるために支給される旅費とされていて，「通常必要とされる費用」に含まれると考えられます。

旅費は通常非課税とされますが，あくまで実費弁償的な支給の場合は非課税とされます。支給に当たっては以下の点に留意が必要です。

なお，この判定に当たっては，次の事項を勘案するものとされています。

(1) 役員，使用人のすべてについて適正なバランスが保たれた基準によって計算される支給金額であること。

(2) 同業種，同規模の他の会社等が一般的に支給している金額に照らして相当と認められる金額であること。

上記を勘案したうえでも，支度料を給与の1カ月分とする場合等，受け取る個人について経済的利益になると認められるものについては，給与として所得税が課税される可能性があります。

一般的に，非課税の旅費の範囲内と考えられる金額は，20万～30万円くらいが多いようです。

また，支払う企業側の取扱いで注意すべき点としては，日本企業の都合で海外赴任をさせる場合は，日本企業が赴任費用を負担すべきものであるので，その金額が合理的な範囲の金額であれば，損金算入ができます。逆の場合も，海外側の企業が負担すべき赴任費用となります。

赴任が赴任先の都合である場合にもかかわらず，日本側の企業が支払う場合，国外関連会社への寄附金として課税されます（ただし，例外として，出向先が子会社等で，その子会社が経営不振等で応援のために行く場合等は「寄附金」とはされず，日本側でその費用を損金として算入することができます）。

## Ⅱ 支度金の社会保険上の取扱い

支度金が課税となるか否かの判定と同様，実費弁償的な取扱いとして支給する場合は，社会保険の対象外としますが，固定額の支給となる場合は，賞与とみなし，社会保険料の対象となります。

会社

# 8 自己都合退職後に渡航する場合

日本から国外へ赴任する場合は，給与収入が2,000万円を超える等の例外を除いて，会社は必ず出国時の年末調整を行います。これに対して，自己都合退職後に海外へ行くことがわかっている場合，出国時の調整をするべきかどうか否か判断に迷います。

結論としては出国の時期が退職時に判明していない場合は，会社が出国時の年末調整を行う必要はありません。

## Ⅰ 自己都合退職者の出国時の年末調整の判定

下記の通達の通り，自己都合退職者に対しては年末調整しなくてよいとされています（しかしながら，最終給与の税率を実態に応じ，非居住者税率にする等の取扱いは必要といえます）。

所得税基本通達
（中途退職者等について年末調整を行う場合）
190-1
次に掲げる場合には，それぞれの場合に該当することとなったときにおいて法第190条（年末調整）の規定を適用するものとする（昭57直所3-15，直法6-13，直資3-8，昭63直法6-1，直所3-1改正）。
(1) 給与等の支払いを受ける者が死亡により退職した場合
(2) 給与等の支払いを受ける者が海外支店等に転勤したことにより非居住者となった場合
(3) 給与等の支払いを受ける者が著しい心身の障害のため退職した場合で，その退職の時期からみてその年中において再就職することが明らかに不可能と認められ，かつ，退職後その年中に給与等の支払いを受けることとなっていないとき。
(4) 給与等の支払いを受ける者が12月に支給期の到来する給与等の支払いを受けた後に退職した場合

（国税庁ホームページより）

一方で，実務上では，日本語が得意ではない外国人が自己都合退職をした場合，自分で確定申告をするのは難しいと思われるため，会社の判断により出国年調をしているケースもあり，状況に応じて以下のような確認をしておくとよいでしょう。

・　航空券のコピー等，出国予定日が明記されているもの。
・　自己都合で退職後，海外の大学へ行く場合なども非居住者になるので，大学の入学許可証のコピーなど。

ただしどこまで個人情報をもらうべきかについては都度状況に応じた判断が伴うため，出国日がわかるメールや書面等で確認をして出国時の年末調整を行う際の資料として残しておいた方がよいでしょう。

外資系企業等では，退職時の提出書類に

・　退職後１年以上の予定で海外へ行く予定があるか
・　その場合の出国日

の記入を必須項目としている場合も多くみられます。

いずれにしても，何らかの根拠を基に，処理を行うべきといえます。

会社

# 9 源泉徴収の誤納付の際の訂正方法

社員が非居住者となった後に源泉徴収税額が誤っていたことが判明する場合や，非居住者税率により源泉徴収すべき税額を誤って居住者の税率で控除していることが後から判明する場合があります。

この場合，当該社員でなく，源泉徴収義務者である会社が税務署長に対して，源泉徴収税額に対する「誤納付還付請求書」や「誤納額充当届出書」を提出することになります。

## Ⅰ 源泉徴収の誤納付が判明した場合

非居住者に対する，源泉徴収税額に対して誤りが発覚した場合，あくまで非居住者である本人ではなく，源泉徴収義務者である会社が訂正処理を行うことになっています。

出国をして当局と関係のない非居住者（源泉納税義務者）が税務署長に対して「誤納付還付請求」をしたり，追加申告によって追加納税を行おうとしても，これは認められません。

## Ⅱ 源泉徴収の誤納付の際の訂正方法

誤納付が判明した場合は，源泉徴収義務者である会社が，以下のいずれかの書類を提出して，還付または充当を受けることになります。

・ 還付する場合：源泉所得税の誤納額還付請求書
・ 充当する場合：源泉所得税の誤納額充当届出書

## 源泉所得税及び復興特別所得税の誤納額還付請求書

### 源泉所得税及び復興特別所得税の誤納額還付請求書

税務署受付印

| ※整理番号 | |
|---|---|

| | | |
|---|---|---|
| 令和　年　月　日 | 住所又は所在地 | 〒<br>電話　－　－ |
| | （フリガナ） | |
| | 氏名又は名称 | |
| | 個人番号又は法人番号 | ↓個人番号の記載に当たっては、左端を空欄とし、ここから記載してください。 |
| | （フリガナ） | |
| 税務署長殿 | 代表者氏名 | ㊞ |

源泉所得税及び復興特別所得税の誤納額の還付を下記のとおり請求します。

| | | |
|---|---|---|
| 還付を受けようとする金額 | 円 | 左記の還付される税額は、下記のところで受けとります。 |
| 誤納を生じた理由 | | イ　銀行等<br>銀行／金庫・組合／農協・漁協　本店・本所／出張所／支店・支所<br>預金　口座番号 |
| | | ロ　ゆうちょ銀行の貯金口座<br>貯金口座の記号番号　－ |
| | | ハ　郵便局等窓口 |

| | 所得の種類 | 年月別 | 区分 | 人員 | 支給金額 | 税額 | 納付年月日／納付先税務署 |
|---|---|---|---|---|---|---|---|
| 誤納額の計算内容 | | | 徴収高計算書に記載したもの（A） | 人 | 円 | 円 | ・　・ |
| | | | 正当計算によるもの（B） | | | | |
| | | | 差引（A－B） | | | | 税務署 |

| | | | |
|---|---|---|---|
| 摘要 | | 添付書類 | □帳簿書類の写し |

| | |
|---|---|
| 税理士署名押印 | ㊞ |

| ※税務署処理欄 | | | 署長 | 副署長 | 統括官 | 担当者 | 整理簿 | 入力 | 通信日付印 | 確認印 |
|---|---|---|---|---|---|---|---|---|---|---|
| | 起案 | ・　・ | | | | | | | 年　月　日 | |
| | 決裁 | ・　・ | | | | | | | | |
| | 施行 | | （摘要） | | | | | | | |
| | 管理回付 | | | | | | | | | |

| 番号確認 | 身元確認 | 確認書類 | |
|---|---|---|---|
| | □　済<br>□　未済 | 個人番号カード／通知カード・運転免許証<br>その他（　　　） | |

01.06 改正

## 源泉所得税及び復興特別所得税の誤納額充当届出書

**源泉所得税及び復興特別所得税の誤納額充当届出書**

税務署受付印

| ※整理番号 | |
|---|---|

| | | |
|---|---|---|
| 令和　　年　　月　　日 | (フリガナ) | |
| | 氏名又は名称 | |
| | 住所又は所在地 | 〒<br>電話　　－　　－ |
| | (フリガナ) | |
| 税務署長殿 | 代表者氏名 | ㊞ |

下記の金額を令和　　年　　月支払分の給与等から徴収して納付すべき税額に充当したいので届け出ます。

| 充当しようとする誤納額 | 円 |
|---|---|

| 給与等の区分 | | 誤納を生じた理由 | |
|---|---|---|---|
| | □ 俸給・給料等<br>□ 賞与（役員賞与を除く。）<br>□ 日雇労働者の賃金<br>□ 役員賞与 | | |

| 誤納額の計算内容 | 納期等の区分 | 区　分 | 人　員 | 支給金額 | 税　額 | 納付年月日<br>納付先税務署 |
|---|---|---|---|---|---|---|
| | | 徴収高計算書に記載したもの（A） | 人 | 円 | 円 | ・　・ |
| | | 正当計算によるもの（B） | | | | |
| | | 差引（A－B） | | | | 税務署 |

| 摘要 | | 添付書類 | □帳簿書類の写し<br>〔　　〕 |
|---|---|---|---|

| 税理士署名押印 | ㊞ |
|---|---|

| ※税務署処理欄 | | | 署　長 | 副署長 | 統括官 | 担当者 | 整理簿 | 入　力 | |
|---|---|---|---|---|---|---|---|---|---|
| | 起案 | ・　・ | | | | | | | |
| | 決裁 | ・　・ | | | | | | | |
| | 処理 | ・　・ | （摘要） | | | | | | |
| | | | | | | | | | |

01.06 改正

（規格A4）

会社

# 10 出国時の年末調整の対象者

海外赴任が決まった場合，会社は該当社員が海外赴任をする日までに支給された給与を対象に年末調整を行わなければなりません。

## Ⅰ 出国年調の対象となる人

出国時の年末調整ですが，まずその対象となる者が非居住者（1年以上の滞在見込み）であるかどうかで変わってきます。いわゆる短期出張扱いであれば，国内居住者同様にすべて課税所得扱いとなり，1月から12月までの総額が年末調整対象となります。

厳密にいうと，出国時までに「給与所得者の扶養控除等（異動）申告書」を提出しており，なおかつ，年末調整の対象となる給与と賞与の総額が2,000万円以下であることが，年末調整の対象の前提となります。

## Ⅱ 出国時の年末調整の対象となる給与・賞与

具体的には，年の途中で海外赴任となり出国する場合には，その年の1月1日から，出国までの間に支払われた給与・賞与について，出国時において，年末調整を行うことになります。

海外勤務者として出国した後に支払われた給与や賞与のうち，計算対象期間の途中で居住者から非居住者になった場合の給与は年末調整の対象とはなりません。また，国内源泉所得に該当するものとして20.42％の税率によって源泉徴収を行った部分に対しては，非居住者期間に生じた所得として，年末調整の対象とはなりません。

出国後に支払われる賞与に対しても考え方は同様で，国内源泉所得部分に該当する分があったとしても，20.42％の税率による源泉徴収が行われると，その時点で納税が完結されているため，年末調整の対象とはなりません。

詳細は本章 2 「3　出国前・出国後に支払われる給与・賞与」をご参照ください。

なお，出国時の年末調整の際に作成する「給与所得の源泉徴収票」の「住所又は居所」欄には出国時の国内の住所又は居所を記載し，備考欄には出国日を記載します。

会社

# 11 人的控除と物的控除の取扱い

出国時の年末調整は，通常の年末調整と同様に処理をしますが，人的控除の判定と物的控除については若干判断が異なります。

人的控除に関しては，１年分，物的控除に関しては，出国日までのものを対象とします。

## Ⅰ 人的控除の取扱い

控除対象配偶者，扶養親族の判定においては，出国時の年末調整では，出国の日の現況に応じて判断します。

つまり，通常の年末調整時には12月31日の現況より判定しますが，出国時の場合は出国日の現況によることになります。年の途中で出国することにより，帯同家族の収入が想定よりも少なくなり扶養の対象外から対象になるケースもあり得るため，出国時の年末調整の際にあらためて扶養控除等異動申告書を提出してもらうと良いでしょう。

仮に，出国後に扶養家族が増えた場合，すでに出国時の現況に応じて年末調整を行っており，扶養控除の対象とすることはできないため，再年調の必要も生じません。

なお控除額については按分の必要はありません。例えば控除対象配偶者の控除額は通常の年末調整同様38万円になります。

## Ⅱ 物的控除の取扱い

社会保険料控除，小規模共済等掛金控除，生命保険料控除および地震保険料控除においては，該当する者が居住者であった期間内に支払った社会保険料，小規模共済等掛金，生命保険料，地震保険料が控除の対象となり，出国後に支払った金額に対しては，対象となりません。

保険契約によっては，居住者であった契約時に複数年分や，その年度の年間保険料を全額支払っている場合もあります。

この場合，生命保険契約による払込期日を経過した保険料や掛金であっても，実際支払っていないものは含めず，前納した生命保険料等は，下記の計算式で按分し，その按分額を支払った保険料とみなします。

$$\text{前納した生命保険料等の総額} \times \frac{\text{前納した生命保険料等に係る居住者期間中に到来する払込期日の回数}}{\text{前納した生命保険料等に係る払込期日の総回数}}$$

なお，外国の社会保険料や外国保険事業者との締結による生命保険契約または損害保険契約のうち，日本国外で締結したものに係る保険は，そもそも控除の対象とはならないので，確認が必要です。

# 12 住宅ローン控除

住宅借入金等特別控除は居住の用に供していることが要件とされているため，海外赴任期間中は，控除の適用が認められないことになります。

帰国後に速やかに手続をすることで，再び住宅借入金等特別控除を受けられます。

## Ⅰ 住宅借入金等特別控除の要件

平成31年現在の住宅ローン控除の適用要件は以下の通りです。

(1) 新築又は取得の日から６カ月以内に居住の用に供し，適用を受ける各年の12月31日まで引き続いて住んでいること

(2) 控除を受ける年の合計所得金額が3,000万円以下であること

(3) 新築又は取得をした住宅の床面積が50平方メートル以上であり，床面積の２分の１以上の部分が専ら自己の居住の用に供するものであること

(4) 10年以上にわたり分割して返済する方法になっている新築又は取得のための一定の借入金又は債務があること

(5) 居住の用に供した年とその前後の２年ずつの５年間に，居住用財産を譲渡した場合の長期譲渡所得の課税の特例などの適用を受けていないこと

住宅ローン控除について定めた租税特別措置法41条は，以前は「居住者」が国内で住宅の用に供する家屋で政令で定めるもの，と規定されていましたが，平成28年の改正により「個人」が国内で住宅の用に供する家屋で政令で定めるもの，と改正されたため，海外赴任者への適用の余地が広がっています。

## Ⅱ 単身赴任をする場合は？

社員が配偶者，扶養親族その他生計を一にする親族を日本に残して海外赴任をする場合，その住宅の取得等の日から６カ月以内にその家屋に親族が入居し，

その後も引き続き居住しており，赴任後に社員が共に居住することと認められるときは，住宅ローン控除の適用を受けることができます。

## Ⅲ 家族帯同で海外赴任をした場合は？

家族を帯同して海外赴任をし，居住の用に供していない場合には住宅ローン控除を受けることはできません。

その家屋を居住の用に供しなくなる日（＝出国日）までに「転任の命令等により居住しないこととなる旨の届出書」を家屋所在地の税務署長に提出することにより，帰国し再び居住の用に供した年以後の残存控除期間（非居住者であった年の分が延長されるわけではないのでご注意下さい）につき，住宅ローン控除を受けることができます。なお，手続きの際には未使用分の年末調整のための（特定増改築等）住宅借入金等特別控除証明書及び給与所得者の（特定住宅等）住宅借入金等特別控除申告書を併せて提出する必要があります。

## Ⅳ 住宅購入をした年に家族帯同で海外赴任した場合は？

住宅ローン控除を受けたことがないまま，住宅購入をした年に家族帯同で海外赴任をした場合は，当初住宅の取得の日から６カ月以内に居住の用に供していれば，帰国し再び居住の用に供した年以後の残存控除期間につき，住宅ローン控除を受けることができます。

## Ⅴ 帰国前に日本の住居を購入した場合は？

海外赴任からの帰任前に一時帰国し，日本で住宅を購入した場合，法改正以前は居住者であることが要件であったため住宅ローン控除の適用を受けることができませんでしたが，法改正後はⅠの要件を満たしている場合には，帰国後に住宅ローン控除を受けることができるようになりました。

税務署受付印

| 1 | 6 | 0 | 0 |
|---|---|---|---|

# 転任の命令等により居住しないこととなる旨の届出書

＿＿＿＿＿＿税務署長

＿＿年＿＿月＿＿日提出

| | | | | |
|---|---|---|---|---|
| 住所 | (〒　－　)<br>(TEL　－　－　) | | | |
| フリガナ | | | 生年月日 | 大正<br>昭和<br>平成<br>令和　年　月　日生 |
| 氏名 | ㊞ | | | |
| 勤務先 | 名称 | | | |
| | 所在地 | (TEL　－　－　) | | |

次のとおり、(特定増改築等）住宅借入金等特別控除の適用を受けていた家屋に居住しないこととなるので届け出ます。

1　転居（予定）年月日　　平成
令和＿＿年＿＿月＿＿日

2　(特定増改築等）住宅借入金等特別控除の適用を受けていた家屋に居住しないこととなる事由

□　平成
令和＿＿年＿＿月＿＿日付転任命令に伴う転居（　　　　）

□　その他やむを得ない事由（　　　　）

3　転居先住所等

転居先住所＿＿＿＿＿＿＿＿　電話番号＿＿－＿＿－＿＿

新勤務先の名称＿＿＿＿＿＿＿＿

新勤務先の所在地＿＿＿＿＿＿＿＿　電話番号＿＿－＿＿－＿＿

4　(特定増改築等）住宅借入金等特別控除の適用を受けていた家屋の居住開始年月日

平成＿＿年＿＿月＿＿日

5　その他

(1)　再居住予定年月日　　□　令和＿＿年＿＿月＿＿日　　□　未定

(2)　居住の用に供しない期間の家屋の用途（予定）（　　　　）

□　賃貸の用　　□　空家　　□　その他

(3)　その他参考事項

| 関与税理士 |
|---|
| (TEL　－　－　) |

| 税務署整理欄 | 一連番号 | 整理番号 | A | B | C | | |
|---|---|---|---|---|---|---|---|
| | | 0 | | | | | |
| | 転居確認 | 通信日付印の年月日 | 確認印 | | | | |
| | | 年　月　日 | | | | | |

赴任者

# 13 納税管理人選任

海外勤務中に日本で給与以外の不動産所得等が発生することがあります。１年以上の海外勤務の場合，非居住者となりますが，出国後も日本で発生した所得に対しては，日本の所得税が適用されます。

つまり日本で所有している不動産を賃貸にしており，不動産所得がある場合など，一定の所得が発生する場合は，確定申告を行わなければならないため，出国までに納税管理人を選任する必要があります。

## Ⅰ 納税管理人とは？

納税管理人は，確定申告書の提出や，税金の納付など，たとえ非居住者であっても納税の義務を果たさなければならない場合，その非居住者に代わって納税手続等を行います。

一般的には，出国した社員の会社の顧問税理士，親族等に納税管理人を依頼することが多いと思われます。

納税管理人を選任，変更または解任した場合には，所轄の税務署に「所得税の納税管理人の届出書」あるいは「消費税の納税管理人の届出書」を提出しなければなりません。

また，地方公共団体（例えば都道府県税事務所，市区町村役場）においても「納税管理人申請書」（自治体によって様式が異なる場合があります）を提出しなければなりません。申請以後は，税務署が発送する書類は，納税管理人あてに送付されますが，確定申告書は非居住者の納税地の税務署長に対して提出します。

## Ⅱ 納税管理人を定めていない場合

居住者が非居住者となる前までに納税管理人を選任し届け出た場合の確定申告の期間は，翌年２月16日から３月15日までの間です。

納税管理人を選任し届け出なければならない人が，それを行わずに海外に出国する場合は，その出国の日までに，居住者である期間だけを対象にした確定申告書をいったん提出する必要があります。

この場合でも，海外勤務となった年の１年を通じての所得について，翌年の２月16日から３月15日までの間に確定申告をする必要があります（還付申告の場合は，還付申告できることとなった日以降５年の間に確定申告することができます）。なお確定申告書は海外から税務署に郵送する方法で提出することも可能です。

なお，海外に転勤した年の次の年以降も，日本国内の不動産の貸付けによる所得や国内にある資産の譲渡による所得などがあるときは，日本で確定申告が必要になる場合があります。

納税管理人を定めている場合といない場合では，確定申告の際に，扶養控除等の判定で不利になる場合があります。

納税管理人を指定せず，出国した場合，出国時の現況により扶養控除などが判定されます。一方で納税管理人を選任して出国した場合，出国した年の12月31日の現況により判定されるため，所得税法上は，申告期限，扶養控除の判定に際しては出国したことにはならず，結果として出国時の確定申告よりも控除額の面で有利になるケースがあります。

## Ⅲ 所得税・消費税の納税管理人の届出手続

国内に住所を有していないまたは有しないこととなる場合に，申告書の提出その他国税に関する事項を処理する必要のため，納税管理人を選任する場合の手続です。

納税管理人を定めたときまたは出国の日までに届出書を作成のうえ，納税地となる所轄税務署長へ持参または送付により提出します。

税務署受付印

| 1 | 0 | 7 | 0 |
|---|---|---|---|

# 所得税・消費税の納税管理人の届出書

＿＿＿＿＿＿＿＿税務署長

＿＿＿年＿＿＿月＿＿＿日提出

| | | | |
|---|---|---|---|
| 納税地 | ○住所地・○居所地・○事業所等(該当するものを選択してください。)<br>(〒　　－　　)<br>(TEL　　－　　－　　) | | |
| 上記以外の住所地・事業所等 | 納税地以外に住所地・事業所等がある場合は記載します。<br>(〒　　－　　)<br>(TEL　　－　　－　　) | | |
| フリガナ | | 生年月日 | ○大正<br>○昭和<br>○平成<br>○令和　　年　　月　　日生 |
| 氏名 | ㊞ | | |
| 個人番号 | | | |
| 職業 | | フリガナ<br>屋号 | |

所得税・消費税の納税管理人として、次の者を定めたので届けます。

1　納税管理人

〒

住　所
(居　所)＿＿＿＿＿＿＿＿＿＿＿＿＿＿＿＿＿＿＿＿＿＿＿＿＿＿＿

フリガナ

氏　名＿＿＿＿＿＿＿＿＿＿＿＿＿＿印　本人との続柄(関係)＿＿＿＿＿＿＿＿

職　業＿＿＿＿＿＿＿＿＿＿＿＿＿＿　電話番号＿＿＿＿＿＿＿＿＿＿＿＿＿＿

2　法の施行地外における住所又は居所となるべき場所

＿＿＿＿＿＿＿＿＿＿＿＿＿＿＿＿＿＿＿＿＿＿＿＿＿＿＿＿＿＿

3　納税管理人を定めた理由

4　その他参考事項

(1)　出国(予定)年月日　＿＿年＿＿月＿＿日・帰国予定年月日　＿＿年＿＿月＿＿日

(2)　国内で生じる所得内容(該当する所得を選択するか、又はその内容を記載します。)

○事業所得　○不動産所得　○給与所得　○譲渡所得

上記以外の所得がある場合又は所得の種類が不明な場合(　　　　　　　　)

(3)　その他

| 関与税理士 |
|---|
| (TEL　　－　　－　　) |

| 税務署整理欄 | 整理番号 | 関係部門連絡 | A | B | C | 番号確認 | 身元確認 |
|---|---|---|---|---|---|---|---|
| | 0 | | | | | | □ 済<br>□ 未済 |
| | | | | 確認書類<br>個人番号カード／通知カード・運転免許証<br>その他(　　　) | | | |

# 14 住民税課税の考え方

住民税は，所得税とは異なり，前年の所得に対する税金の後払いであり，１月１日の現況により課税されます。

一般的には前年１年間の所得に対する住民税が６月から翌年の５月までの給与で特別徴収（給与天引）されます。

１月１日現在で日本に住所があれば，出国後であっても，前年の所得に対する住民税を翌年５月までは支払うことになります。出国した年の所得に対する住民税は翌年の１月１日に日本に帰任していなければ，住所がありませんので課税されることはありません。

## Ⅰ 住民税課税の考え方

以下の２点が所得税の課税と大きく異なる点です。

・　１月１日に日本に住所を有していないこと（一時出国である場合を除く）

・　１月１日に日本に住所を有していても日本の居住期間が１年未満の場合は，課税の取消しが可能

## Ⅱ 年末年始の出国の場合の相違点

上述の通り，個人に係る住民税は，原則として前年の所得に対して課税する前年課税所得制度がとられています。

１月１日に住所を有しているかにより判定されるため，賦課期日となる１月１日に国内に住所を有していれば，１月１日の属する年の住民税は課税されることになり，前年の所得に対する住民税の納税義務を有することになります。

つまり，年度内に出国した場合，翌年１月１日には非居住者となるので，翌年度支払う住民税は発生しません。

一方で，１月１日以降に出国した場合，１月１日現在は居住者となるので，以後すぐに出国していたとしても，その年の住民税の支払義務が生じてきます。

出国が年末年始に係る場合は，年末のうちに出国しておいた方が住民税負担の点のみに着目すると有利でしょう。

## Ⅲ 法人が負担する住民税の課税関係

非居住者となった後に課税された住民税を日本の会社が負担するなど，結果として会社が負担する場合，給与所得として所得税の課税所得に含まれることになります。

つまり，住民税額を給与として支給したものとみなします。

日本の会社が住民税を負担することによって，当該社員が受ける経済的利益は，日本での勤務に基因する国内源泉所得とみなされるためです。

この場合，非居住者に適用される20.42％の所得税率をもって日本の会社が負担した住民税額からグロスアップして支給額を算出し，源泉徴収しておく必要があります。

※　グロスアップ：手取り額から逆算して支給額を算出する計算方法

赴任者＆会社

# 15 出国年度の住民税の支払方法

前項にて記載したとおり，住民税は前年の所得に対して課税されるため，出国後に支払義務が生じる場合があります。

この場合，原則としては，納税管理人を定めて，出国以後の納税事務を行うことになります。

また，出国が住民税の賦課額の決定後である場合は，納税管理人が普通徴収の納付を代行するか，特別徴収の場合は，一括徴収をして納付をするか，口座振替の制度を利用するかのいずれかとなります。

## Ⅰ 納税管理人の選任

住民税の納税義務者は，納税義務を負っている市区町村に住所を有していない場合においては，原則として納税管理人を定めなければなりません。

市区町村に納税管理人の申請を行い，承認を受けます。納税通知書は納税管理人に送付され，以後の納税義務を代行することになります。

出国後の住民税を普通徴収で納付する場合，納期の到来した税額の納付と同時に，期限前の税額を前納することが可能です。場合によっては，前納報奨金がある市区町村もあるので，事前に調べておくとよいでしょう。

## Ⅱ 口座振替

市区町村により異なりますが，口座振替を行っている市区町村もあります。市区町村のホームページや，直接市区町村の窓口に確認して，出国までに口座振替の手続を行いましょう。

しかし，この場合も納税通知書を送付するために，納税管理人を選定しておく必要があります。

## Ⅲ 一括徴収

出国時まで特別徴収により納付していた場合は，原則として翌月以降の住民税は，普通徴収とすることになり，納税管理人により納税されることになりますが，納税義務者が申し出た場合，残りの住民税額を給与から一括徴収して納付することができます。

この場合，会社（特別徴収義務者）が，その税額について徴収をした翌月10日までに市区町村へ納付することになります。

**ATTENTION**

海外赴任後も日本の会社から給与の支払いがある場合は，一括徴収したり，普通徴収に切り替える必要はなく，そのまま日本の会社から支払われる給与から住民税を控除できます。

ただし，赴任後に日本の会社から給与の支払いがない場合または支払いがあっても額が少なく住民税の控除ができない場合は赴任前の給与からの一括徴収または普通徴収への切替えが必要になります。

# 第4章

# 赴任中の手続

従業員が海外赴任中も，会社側と従業員の雇用関係が継続されている場合，会社として日本にいる時と同様の労務管理が求められます。

さらに，海外在住の人特有の手続も多く発生します。

本章では，労務管理上気をつけておくべきことや，健康保険の手続，労災保険の特別加入の手続・給与計算の考え方・所得税の精算方法などの個別特有の処理について詳細を説明します。

# 1 社会保険・労働保険に関する手続

会社

## 1　社会保険料の月額変更

海外赴任により，給与の支払方法が変わったときは，随時改定により健康保険料や厚生年金保険料が変更になる場合があります。

### Ⅰ 社会保険料決定の仕組み

健康保険・厚生年金保険料は，毎年４月～６月の給料を平均し，その年の９月から翌年８月までの標準報酬月額※を基に決定しています（定時決定）。

ただし，被保険者の給与の額が，昇（降）給等の固定的賃金の変動に伴って大幅に変わったときは，定時決定を待たずに標準報酬月額を改定します（随時改定）。

※　標準報酬月額

健康保険・厚生年金保険では，被保険者が事業主から受ける毎月の給料などの報酬の月額を区切りのよい幅で区分した標準報酬月額を設定し，保険料の額や保険給付の額を計算しています。健康保険は第１級の５万８千円～第50級の139万円までの全50等級，厚生年金保険は第１級の８万８千円～第31級の62万円までの全31等級に区分されています。

随時改定は，次の３つの条件をすべて満たす場合に行います。

⑴　昇給または降給等により固定的賃金に変動があった場合や給与体系に変更があった場合

⑵　変動月から３カ月間に支給された報酬（残業手当等の非固定的賃金を含む）の平均に該当する標準報酬月額とこれまでの標準報酬月額との間に２等級以上の差が生じた場合

⑶　変動月から引き続いた３カ月間の支払基礎日数がいずれも17日以上である場合

**図表1｜随時改定**

| | | | | | | |
|---|---|---|---|---|---|---|
| ①固定的賃金<br>(基本給，家族手当等) | ⇧<br>増額 | ⇧<br>増額 | ⇩<br>減額 | ⇩<br>減額 | ⇧<br>増額 | ⇩<br>減額 |
| ②非固定的賃金<br>(残業手当等) | ⇧<br>増額 | ⇩<br>減額 | ⇩<br>減額 | ⇧<br>増額 | ⇩<br>減額 | ⇧<br>増額 |
| ①＋②合計の3カ月平均額<br>(2等級以上の差) | ⇧<br>増額 | ⇧<br>増額 | ⇩<br>減額 | ⇩<br>減額 | ⇩<br>減額 | ⇧<br>増額 |
| 随時改定の必要 | ○ | ○ | ○ | ○ | × | × |

次のケースでは給与の3カ月平均額に2等級以上の差が生じた場合でも，随時改定の対象にはなりません。

・　固定的賃金は上がっても，残業手当等の非固定的賃金が減り，変動月から引き続いた3カ月分の報酬の平均による標準報酬月額がそれまでの標準報酬月額より下がった場合

・　固定的賃金は下がっても，非固定的賃金が増加し，変動月から引き続いた3カ月分の報酬の平均による標準報酬月額がそれまでの標準報酬月額より上がった場合

## II 月額変更届の提出

随時改定に該当する被保険者がいる場合，事業主は「被保険者報酬月額変更届」を速やかに届出します。

## 健康保険・厚生年金保険被保険者報酬月額変更届

| 様式コード |
|---|
| 2 2 2 1 |

健康保険
厚生年金保険　**被保険者報酬月額変更届**

厚生年金保険　**70歳以上被用者月額変更届**

令和　　年　　月　　日提出

受付印

**提出者記入欄**

| | |
|---|---|
| 事業所整理記号 | － |
| | 届書記入の個人番号に誤りがないことを確認しました。 |
| 事業所所在地 | 〒 163 － 0631<br>東京都新宿区西新宿1-25-1 |
| 事業所名称 | CSアカウンティング株式会社 |
| 事業主氏名 | 代表取締役 CS 一郎　㊞ |
| 電話番号 | 03 （ 5908 ） 3423 |

社会保険労務士記載欄

氏　名　等　　㊞

**項目名**

| ① 被保険者整理番号 | ② 被保険者氏名 | | ③ 生年月日 | ④ 改定年月 | ⑰ 個人番号[基礎年金番号]<br>※70歳以上被用者の場合のみ |
|---|---|---|---|---|---|
| ⑤ 従前の標準報酬月額 | | ⑥ 従前改定月 | ⑦ 昇(降)給 | ⑧ 遡及支払額 | ⑱ 備考 |
| ⑨ 給与支給月 | ⑩ 給与計算の基礎日数 | 報酬月額 ⑪ 通貨によるものの額 | 報酬月額 ⑫ 現物によるものの額 | 報酬月額 ⑬ 合計(⑪+⑫) | ⑭ 総計<br>⑮ 平均額<br>⑯ 修正平均額 |

**1**

| | | | | | |
|---|---|---|---|---|---|
| ① 1 | ② CS 太郎 | | ③ 昭和50.1.1 | ④ 1 年 12 月 | ⑰ |
| ⑤ 健 380 千円 | 厚 380 千円 | ⑥ 1 年 9 月 | ⑦昇(降)給 9 月 1. 昇給 ②降給 | ⑧遡及支払額 月 円 | ⑱ |
| ⑨支給月 9 月 | ⑩日数 30 日 | ⑪通貨 135,000 円 | ⑫現物 0 円 | ⑬合計(⑪+⑫) 135,000 円 | ⑭総計 405,000 円 |
| 10 月 | 31 日 | 135,000 円 | 0 円 | 135,000 円 | ⑮平均額 135,000 円 |
| 11 月 | 30 日 | 135,000 円 | 0 円 | 135,000 円 | ⑯修正平均額 円 |

⑱ 1. 70歳以上被用者月額変更
2. 二以上勤務
3. 短時間労働者(特定適用事業所等)
4. 昇給・降給の理由
（　　　　　）
5. 健康保険のみ月額変更
（ 70歳到達時の契約変更等 ）
6. その他（　　　　　）

**2**

| | | | | | |
|---|---|---|---|---|---|
| ① | ② | | ③ | ④ 年 月 | ⑰ |
| ⑤ 健 千円 | 厚 千円 | ⑥ 年 月 | ⑦昇(降)給 月 1. 昇給 2. 降給 | ⑧遡及支払額 月 円 | ⑱ |
| ⑨支給月 月 | ⑩日数 日 | ⑪通貨 円 | ⑫現物 円 | ⑬合計(⑪+⑫) 円 | ⑭総計 円 |
| 月 | 日 | 円 | 円 | 円 | ⑮平均額 円 |
| 月 | 日 | 円 | 円 | 円 | ⑯修正平均額 円 |

⑱ 1. 70歳以上被用者月額変更
2. 二以上勤務
3. 短時間労働者(特定適用事業所等)
4. 昇給・降給の理由
（　　　　　）
5. 健康保険のみ月額変更
（ 70歳到達時の契約変更等 ）
6. その他（　　　　　）

**3**

| | | | | | |
|---|---|---|---|---|---|
| ① | ② | | ③ | ④ 年 月 | ⑰ |
| ⑤ 健 千円 | 厚 千円 | ⑥ 年 月 | ⑦昇(降)給 月 1. 昇給 2. 降給 | ⑧遡及支払額 月 円 | ⑱ |
| ⑨支給月 月 | ⑩日数 日 | ⑪通貨 円 | ⑫現物 円 | ⑬合計(⑪+⑫) 円 | ⑭総計 円 |
| 月 | 日 | 円 | 円 | 円 | ⑮平均額 円 |
| 月 | 日 | 円 | 円 | 円 | ⑯修正平均額 円 |

⑱ 1. 70歳以上被用者月額変更
2. 二以上勤務
3. 短時間労働者(特定適用事業所等)
4. 昇給・降給の理由
（　　　　　）
5. 健康保険のみ月額変更
（ 70歳到達時の契約変更等 ）
6. その他（　　　　　）

**4**

| | | | | | |
|---|---|---|---|---|---|
| ① | ② | | ③ | ④ 年 月 | ⑰ |
| ⑤ 健 千円 | 厚 千円 | ⑥ 年 月 | ⑦昇(降)給 月 1. 昇給 2. 降給 | ⑧遡及支払額 月 円 | ⑱ |
| ⑨支給月 月 | ⑩日数 日 | ⑪通貨 円 | ⑫現物 円 | ⑬合計(⑪+⑫) 円 | ⑭総計 円 |
| 月 | 日 | 円 | 円 | 円 | ⑮平均額 円 |
| 月 | 日 | 円 | 円 | 円 | ⑯修正平均額 円 |

⑱ 1. 70歳以上被用者月額変更
2. 二以上勤務
3. 短時間労働者(特定適用事業所等)
4. 昇給・降給の理由
（　　　　　）
5. 健康保険のみ月額変更
（ 70歳到達時の契約変更等 ）
6. その他（　　　　　）

**5**

| | | | | | |
|---|---|---|---|---|---|
| ① | ② | | ③ | ④ 年 月 | ⑰ |
| ⑤ 健 千円 | 厚 千円 | ⑥ 年 月 | ⑦昇(降)給 月 1. 昇給 2. 降給 | ⑧遡及支払額 月 円 | ⑱ |
| ⑨支給月 月 | ⑩日数 日 | ⑪通貨 円 | ⑫現物 円 | ⑬合計(⑪+⑫) 円 | ⑭総計 円 |
| 月 | 日 | 円 | 円 | 円 | ⑮平均額 円 |
| 月 | 日 | 円 | 円 | 円 | ⑯修正平均額 円 |

⑱ 1. 70歳以上被用者月額変更
2. 二以上勤務
3. 短時間労働者(特定適用事業所等)
4. 昇給・降給の理由
（　　　　　）
5. 健康保険のみ月額変更
（ 70歳到達時の契約変更等 ）
6. その他（　　　　　）

※ ⑨支給月とは、給与の対象となった計算月ではなく実際に給与の支払いを行った月となります。

〈提出書類〉

健康保険・厚生年金保険被保険者報酬月額変更届

〈提出先〉

事業所の所在地を管轄する年金事務所

※　健康保険組合厚生年金基金に加入している場合は別途それぞれ届出が必要です。

〈提出時期〉

速やかに

**ATTENTION**

日本と海外赴任先の両方で給与が支払われる場合，保険者によっては，労務の提供・賃金等の支払い・人事管理等の実態により，日本で支払われている給与額だけでなく海外で支払われる給与額を含めて報酬として判断することもあります。

「出向する場合の社会保険資格」で説明したように，社会保険の資格継続について保険者に確認する際，合わせて報酬の範囲についても確認しておくと，保険者に何度も問合せをする必要がなくなり，整合性のある回答が得られます。

会社

# 2　海外赴任期間が延長になった場合の社会保障協定延長申請

社会保障協定が適用される場合派遣先国での社会保障制度への加入が免除される期間は，原則として最大５年ですが，当初の予定を延長し，赴任期間が５年を超える場合，延長が認められるケースがあります。

プロジェクトが予定通りの時期に終了しなかったり，スタッフの欠員により現地のオフィスから抜けられなくなってしまう等の理由で，海外赴任期間が延長になってしまう例もよく聞かれます。こういった海外赴任期間の延長により派遣期間が５年を超えた場合には，延長申請書を提出し，両国の行政当局又は権限のある実施機関の審査のうえ，承認が下りた場合には，５年を超えて就労が継続する被用者に対し，協定の適用を延長することもできることになっています。この延長申請は，当初の適用証明書の有効期間内に行う必要があります。なお，延長が可能な期間は国によって異なり，また，期間を計算する際に月を単位とするか日を単位とするかについても国によって異なります。

**図表２｜主要国の派遣期間の延長が認められる期間**

| 協定相手国 | 期間の延長が認められる期間 |
|---|---|
| ドイツ／イギリス／韓国／カナダ／ブラジル／アイルランド／チェコ／スペイン | 最長３年（当初の派遣期間と合わせて最長８年間） |
| アメリカ | 最長４年（当初の派遣期間とあわせて最長９年） |
| ベルギー | 最長２年（当初の派遣期間とあわせて最長７年） |
| オーストラリア | 期間の定めなし |
| フランス | 原則として延長は認められないが，事情によっては１年を限度として認められる場合あり |
| 中国 | 原則として延長が可能な期間は５年間（ただし，最初の派遣開始日から通算して10年を越えた場合でも，例外的にさらに延長を許可することもあり得る） |

いずれの場合も申請の結果，延長が認められなかった場合は，日本の社会保険資格を喪失して相手国の社会保険制度に加入することになります。

## Ⅰ 各国別の注意点

### 1．アメリカ

#### ①　3年まで延長する場合

派遣先国での就労延長の理由が，予見不可能であり，かつ単に派遣先国の適用免除を延長する目的でないことが明らかな場合になります。

例①　プロジェクトの終了が予期せず遅延した場合

例②　就学年齢の子どもがおり，就学年の終了まで派遣先国に滞在したい場合

#### ②　3年超4年まで延長する場合

派遣先国での就労延長の理由が予見不可能なことに加え，就労期間の延長が企業もしくは被用者もしくはその家族の重大な困難を避けるために必要な場合になります。

例①　予定していた後任が，予期せず辞職したり障害に陥ったり亡くなったり等の事情があり，新たな後任が指名，訓練されるまで時間を要する場合

例②　企業が他の企業に買収もしくは再編され，その移行のために派遣されている人が不可欠な場合

### 2．スペイン

2年以上3年以内の延長の場合は，延長しなければならない理由およびその期間の延長が必要になる理由を具体的に届け出る必要があります。

### 3．オーストラリア

以下の事情の例に該当し，日豪両国で個別に判断のうえ合意した場合に，派遣元の年金制度にのみ引続き適用されることができます（期間は定められていません）。

**図表3｜延長が認められうる事情の例**

1．後任者が死亡，重病または辞職のために，引継ぎを行うことができない場合
2．予期しない個人的な事情のために，派遣先国にいなければならない場合（本人，家族の病気や子の就学未了など）
3．まもなく定年退職する場合
4．短期間の延長
5．派遣期間中に，予期しない個人的な事情のために，短期間，派遣元国へ帰国したことがある場合（本人，家族の病気等）
6．延長理由がどちらか一方の国の政策と関係がある場合
7．派遣を中断することによって雇用主・被用者に不利益が生じるとき
8．会社に組織変更があり，派遣者が当該組織変更に重要な役割にある場合
9．派遣者に特殊な技能，経験があり，雇用者が当初派遣期間後1～4年以内に終了する予定の特別な業務またはプロジェクトを遂行するために当該派遣者を必要とする場合
10. その他特別な事情がある場合

（日本年金機構ホームページより）

赴任者＆会社

## 3　海外出産で必要な届出

戸籍法49条により，海外で出生した場合は，３カ月以内に出生の届出が必要です。

海外出産の際に必要な届出書類・届出先・届出期限等は，日本での出産の場合とかなりルールが違います。届出漏れにより新生児が日本国籍を失うことのないよう，手続を正しく行うことが必要です。

### Ⅰ 出生届

海外で出産した場合，父か母のどちらかが日本人であれば，生まれてくる子どもは日本国籍を取得するため，日本国内での出産と同様に出生の届出が必要になります。届出の期限は，子どもが生まれた日から３カ月以内（例えば10月23日に生まれた場合は翌年１月22日まで）になり，原則として父または母が，その国に駐在する日本大使館・総領事館，本籍地の市区町村窓口に出生の届出をしなければなりません。なお，本籍地への届出は郵送でも可能です。

〈届出に必要な書類〉

(1)　出生届書（日本大使館・総領事館等に備え付けてあります）

(2)　外国官公署発行の出生登録証明書または医師作成の出生証明書の原本

(3)　同和訳文

通常それぞれ２通ずつ必要ですが，新本籍を設ける等特別の場合は３通必要です。

### Ⅱ 国籍留保の届出

日本人夫婦から生まれた子どもでも，その国で生まれた者のすべてに国籍を与える制度を採っている国（アメリカ，カナダ，ブラジルなど）で生まれた場合には，その子供は二重国籍者となります。このケースでは，その子供の日本国籍を失わせないために，出生の届出と同時に「国籍留保の届出」が必要です。この国籍留保の届出をしないと，その子どもは生まれたときに遡って日本の国籍を失ってしまいます（国籍法12条）。

国籍留保の届出は，出生届をするときに出生届書の「その他」欄に「日本の国籍を留保する。」と記入して，署名押印をすることによって行うことができます。

**ATTENTION**

出生により外国の国籍も取得している場合は，期限内に出生届とともに国籍留保の届出をしないと，出生のときに遡って日本国籍を失います（国籍法12条）。

ただし，その子が未成年の間で，かつ日本に住所を置いて生活するようになったときは，住所地を管轄する法務局に国籍再取得の届出をすることによって，日本国籍の再取得が可能です（国籍法17条1項）。

## Ⅲ 二重国籍者の国籍の選択

海外で出生したことにより，20歳に達する以前に外国の国籍と日本の国籍を有することになった人（二重国籍者）は，22歳に達するまでに自己の意思に基づいて，どちらかの国籍を選択する必要があります（国籍法14条1項）。選択しない場合は，日本の国籍を失うことがあるので注意が必要です。

**〈日本国籍を選択する場合〉**

(A) 外国の国籍を離脱する方法

「外国籍喪失届」に離脱を証明する書面を添付し，日本大使館・総領事館または日本の市区町村窓口に提出します。

(B) 日本の国籍の選択を宣言する方法

外国の国籍を放棄する旨の宣言をする「国籍選択届」を日本大使館・総領事館または日本の市区町村窓口に提出します。

### 〈外国の国籍を選択する場合〉

(A) 日本の国籍を離脱する方法

「国籍離脱届」に戸籍謄本，住所を証する書面，外国国籍を持つことを証明する書類等を添付して，日本大使館・総領事館または住所地の日本の法務局，地方法務局に提出します。なお，この届は日本国籍を離脱する本人（15歳未満である場合は，法定代理人）が自ら出向く必要があります。

(B) 外国の国籍を選択する方法

外国での生活が長くなること等により，外国の国籍を自らの志望によって取得する場合，外国の国籍を取得したときに当然に日本国籍は喪失します。この場合は「国籍喪失届」に外国国籍を選択したことを証明する書面を添付して，日本大使館・総領事館または日本の市区町村窓口に提出します。

（法務省ホームページより）

## Ⅳ 出産育児一時金の申請手続

健康保険資格が継続されている場合は，海外で出産した場合でも出産育児一時金を受給できます。被扶養者が出産した場合も対象になります。

出産育児一時金とは，健康保険の被保険者が出産したときに，申請により1児につき42万円が支給される制度です。被扶養者である家族が出産したときは「家族出産育児一時金」として同様に42万円が支給されます（産科医療補償制度に加入する医療機関等の医学的管理の下における出産の場合になります。それ以外の場合は40.4万円です）。

国内出産の場合は直接支払制度[*1]や受取代理支払制度[*2]により，医療機関窓口での支払い負担を少なくすることが可能です。ただし，海外出産の場合は出産費用をいったん全額支払った後，出産育児一時金の請求手続をすることになります。

（＊1）直接支払制度

被保険者（被扶養者）が出産する医療機関等に合意文書を提出することにより，医療機関等が被保険者に代わって，出産育児一時金を健保に直接請求するものです。出産費用が出産育児一時金の範囲内であれば，医療機関窓口での現金での支払いはなくなります。

（＊２）受取代理支払制度

被保険者（被扶養者）が出産する医療機関等を受取代理人と定め，出産育児一時金の受取りを医療機関等に委任する制度です。受取代理制度を導入しているのは，直接支払制度に対応しておらずかつ受取代理制度導入の届出をした一部の医療機関等に限られており，すべての医療機関等で利用できるわけではないため注意が必要です。

**〈提出書類〉**

・　出産育児一時金支給申請書

**①　出生した子どもが被保険者の被扶養者に認定されている場合**

【申請書所定欄に次のいずれかの証明】

・　医師・助産師の証明

・　市区町村の証明

【上記証明が受けられない場合】

・　戸籍謄（抄）本

・　戸籍記載事項証明書

・　出生届受理証明書

・　母子健康手帳

・　住民票

**②　出生した子どもが，被保険者の被扶養者ではないが日本国内に居住している場合**

・　日本国内の公的機関が発行する戸籍謄（抄）本等の出産の事実が確認できる書類

**③　出生した子どもが，被保険者の被扶養者ではなく，海外に居住している場合または死産の場合**

・　現地の公的機関が発行する戸籍や住民票等の住民登録に関する書類

【上記書類が添付できない場合】

・　出産を担当した海外の医療機関に対し，協会けんぽが照会することに関する同意書

**〈提出先〉**

・　健康保険協会の都道府県支部または健康保険組合

〈提出期限〉

・　出産日の翌日から２年

**ATTENTION**

新生児を健康保険の被扶養者とする場合は「健康保険被扶養者（異動）届」の提出もあわせて必要になります。

## 健康保険　家族出産育児一時金支給申請書

# 健康保険 被保険者 家族 出産育児一時金 支給申請書

1　2 ページ

被保険者記入用

記入方法および添付書類等については、「健康保険 被保険者 家族 出産育児一時金 支給申請書 記入の手引き」をご確認ください。

申請書は、楷書で枠内に丁寧にご記入ください。　記入見本 0 1 2 3 4 5 6 7 8 9 ア イ ウ

**被保険者情報**

| | | |
|---|---|---|
| 被保険者証の（左づめ） | 記号 ○○○○○○○○　番号 ○○○○○○○ | 生年月日 1（1.昭和 2.平成 3.令和）　50 年 01 月 01 日 |
| 氏名・印 | （フリガナ）シーエス　タロウ<br>CS　太郎　印 | 自署の場合は押印を省略できます。 |
| 住所<br>電話番号（日中の連絡先）※ハイフン除く | 〒<br>TEL | 都道府県　201 chapel Street, New York, NY 00000 U. S. A. |

**振込先指定口座**

| | | |
|---|---|---|
| 金融機関名称 | ○○　銀行（○）・金庫・信組・農協・漁協・その他（　） | ○○　本店・支店（○）・代理店・出張所・本店営業部・本所・支所 |
| 預金種別 | 1（1. 普通 3. 別段 2. 当座 4. 通知） | 口座番号 1234567　左づめでご記入ください。 |
| 口座名義 | ▼カタカナ（姓と名の間は1マス空けてご記入ください。濁点(゛)、半濁点(゜)は1字としてご記入ください。）<br>シーエス　タロウ | 口座名義の区分 1（1. 被保険者 2. 代理人） |

「2」の場合は必ず記入・押印ください。（押印省略不可）

**受取代理人の欄**

| | |
|---|---|
| 被保険者 | 本申請に基づく給付金に関する受領を下記の代理人に委任します。<br>氏名・印　印<br>（1.平成 2.令和）　年　月　日<br>住所 「被保険者情報」の住所と同じ |
| 代理人（口座名義人） | 〒　TEL（ハイフン除く）<br>住所<br>（フリガナ）<br>氏名・印　印<br>被保険者との関係 |

「被保険者・医師・市区町村長記入用」は2ページに続きます。》》》

被保険者のマイナンバー記載欄
（被保険者証の記号番号を記入した場合は記入不要です）
マイナンバーを記入した場合は、必ず本人確認書類を添付してください。▶

(2019.5)

受付日付印

社会保険労務士の提出代行者名記載欄　印

様式番号　協会使用欄

6 2 1 1 6 8　　1

全国健康保険協会
協会けんぽ

(1/2)

# 健康保険 被保険者／家族 出産育児一時金 支給申請書

1 2 ページ

被保険者・医師・市区町村長記入用

被保険者氏名　ＣＳ　太郎

**申請内容**

| | |
|---|---|
| 1 出産した者 | 2　1. 被保険者　2. 家族（被扶養者） |
| 1-① 家族の場合はその方の | 氏名　ＣＳ　花子　／　生年月日　1（1.昭和 2.平成 3.令和）　5 5 年 0 1 月 0 1 日 |
| 2 出産した年月日 | 2（1.平成 2.令和）　0 1 年 0 9 月 0 1 日 |
| 3 生産または死産の別 | 1　1. 生産　2. 死産　3. 生産・死産混在 |
| 3-① 「生産」の場合 出生児数 | 1 人 |
| 3-② 「死産」の場合 死産児数 | 人 |
| 3-②-(1) 「死産」の場合 妊娠からの週数及び日数 | 満　週　（　）日 |
| 4 出生児の氏名 | ＣＳ　二郎 |
| 5 出産した医療機関等 | 名称　New York, Hospital　／　所在地　○○○ chapel Street, NY |
| 6 出産した方　●被保険者 ➡ 退職後6か月以内の出産ですか。●家　族 ➡ 協会けんぽに加入後6か月以内の出産ですか。 | 2　1. はい　2. いいえ |
| 6-① 「はい」の場合、「保険者名」と「記号・番号」をご記入ください。●被保険者 ➡ 現在加入している保険者について　●家　族 ➡ 協会けんぽ加入前に加入していた保険者について | 保険者名　／　記号・番号 |
| 6-①-(1) 同一の出産について、6-①の保険者より出産育児一時金を | 　1. 受けた／受ける予定　2. 受けない |

**証明欄（いずれかにご記入ください）**

**医師・助産師による証明の場合**

| | | | |
|---|---|---|---|
| 出産者氏名 | | 出産年月日 | （1.平成 2.令和）　年　月　日 |
| 出生児の数 | （1.単胎 2.多胎 ➡（　児）） | 生産または死産の別 | （1.生産 2.死産 ➡ 満　週（　）日） |

上記のとおり相違ないことを証明する。

（1.平成 2.令和）　年　月　日

医療施設の所在地

医療施設の名称

医師・助産師の氏名　印

**市区町村長による証明の場合（生産のみ）**

| | | | | | |
|---|---|---|---|---|---|
| 本籍 | | | | 筆頭者氏名 | |
| 母の氏名 | | 出生児氏名 | | 出生年月日 | （1.平成 2.令和）　年　月　日 |

上記のとおり相違ないことを証明する。

（1.平成 2.令和）　年　月　日　市区町村長名　印

様式番号

6 2 1 2 6 7

全国健康保険協会
協会けんぽ

（2／2）

**ATTENTION**

海外療養費と同様に，全国健康保険協会からは海外へ直接送金ができないため，振込希望口座の欄は，日本の銀行口座を記入します。

赴任に伴い日本の銀行口座をクローズしている場合は受取代理人の欄に記入することにより，本人以外に受取りを委任することが可能です。

会社

# 4 労災保険特別加入の年度更新

労災の海外特別加入の場合も，毎年６月１日～７月10日の間に労働保険の年度更新手続が必要です。

労働保険とは，労災保険と雇用保険のことをいいます。

労働保険料は，健康保険・厚生年金保険等の社会保険のように毎月納付する方法ではなく，年度ごとに計算して納付する方法になります。

## Ⅰ 労働保険の年度更新とは

労働保険の保険料は，毎年４月１日から翌年３月31日までの１年間を保険年度として計算します。その額は労災保険に適用している労働者と雇用保険に加入している労働者に支払われる賃金の総額に，定められた保険料率を乗じて算定することになっています。

労働保険では，保険年度ごとに概算で保険料を納付（労働保険の保険料の徴収等に関する法律第15条）し，保険年度末に賃金総額が確定した後に精算（労働保険の保険料の徴収等に関する法律19条）する方法を取っています。

したがって，事業主は，前年度の保険料を精算するための確定保険料の申告・納付と新年度の概算保険料を納付するための申告・納付の手続が必要となります。これが「年度更新」の手続です。年度更新の手続は，毎年６月１日から７月10日までの間に行います。

年度更新に必要な書類は，毎年６月に入ると都道府県労働局から各事業所宛に送られます。

**ATTENTION**

年度更新の手続が遅れると，追徴金（納付すべき保険料・拠出金の10%）を課されることがあります。

**図表4　労働保険の年度更新手続**

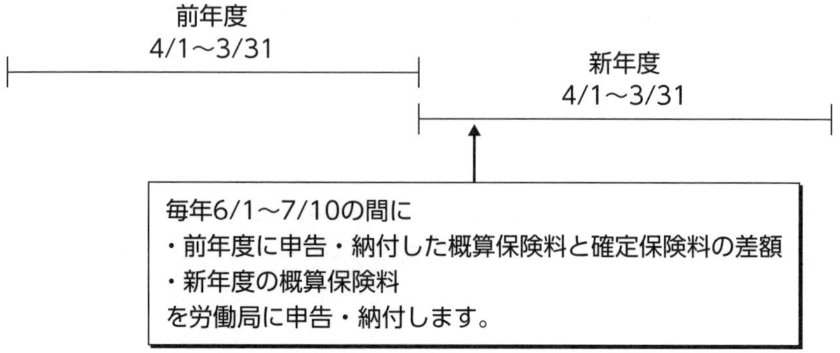


## Ⅱ　海外特別加入で提出が必要な書類

① 第３種特別加入保険料申告内訳名簿

② 特別加入保険料算定基礎額　特例計算対象者内訳

③ 第３種特別加入保険料申告内訳

④ 労働保険　概算・確定保険料申告書

①～③については，労働局のホームページからエクセル形式のフォームをダウンロードして作成することも可能です。

## Ⅲ　第３種特別加入保険料申告内訳名簿

① 前年度の「第３種特別加入保険料申告内訳名簿」に記載した海外赴任者で今回の確定申告年度も赴任している者（前年の「⑧2018年度整理番号欄」に載っている者）を，新年度の「第３種特別加入保険料申告内訳名簿」の「②特別加入者（派遣者）氏名欄」に転記します。

② 前年度以前または前年度中に加入し，新年度も継続して加入する者で，給付基礎日額の変更を希望する者は，名簿の⑥欄「給付基礎日額区分」の「変」に○をし，新年度新たに希望する給付基礎日額を⑦欄に記入します。

③ 給付基礎日額を変更しない場合は，「継」に○をし，前年度と同じ給付基礎日額を記入します。前年度中に脱退した者は，「退」に○を記入します。

④　前年度中に海外赴任した者および今回の年度更新手続前に海外特別加入の届出をした者を記載します。

海特様式第2号

## 第3種特別加入保険料申告内訳名簿
（海外派遣者）

1 枚のうち 1 枚目

2018 年度
2019 年度

| 労働保険番号 | 府県 | 所掌 | 管轄 | 基幹番号 | 枝番号 |
|---|---|---|---|---|---|
| | 1 3 | 1 | 0 0 | 0 0 0 0 0 0 | 3 0 1 |

| ① 2018 年度 整理番号 | ② 特別加入者（派遣者）氏名 | ③ 派遣者区分 | ④ 派遣先国名 | ⑤ 2018 年度 給付基礎日額 | ⑥ 給付基礎日額区分 | ⑦ 2019 年度 給付基礎日額 | ⑧ 2019 年度 整理番号 |
|---|---|---|---|---|---|---|---|
| 1 | 山田太郎 | 協 (労) 代 | イギリス | 14,000 | (継) 変 退 | 14,000 | 1 |
| 2 | 佐藤花子 | 協 労 (代) | シンガポール | 16,000 | 継 (変) 退 | 20,000 | 2 |
| 3 | 伊藤三郎 | 協 (労) 代 | アメリカ | 20,000 | 継 変 (退) | | |
| 4 | 鈴木二郎 | 協 労 (代) | ベトナム | | 継 変 退 | 20,000 | 3 |
| | | 協 労 | | | 継 変 | | |

**ATTENTION**

年度更新時に給付基礎日額の変更手続を行う場合の申請用紙は，この「第３種特別加入保険料申告内訳名簿　海特様式第２号」になりますが，３月２日～３月31日に給付基礎日額の変更手続を行う場合の申請用紙は「給付基礎日額変更申請書　様式第２号・特様式第２号（続紙）」になります（詳細は「給付基礎日額の変更」をご参照下さい）。

## Ⅳ 確定　特別加入保険料算定基礎額特例計算対象者内訳

前年度中に加入・脱退した者の「氏名」，承認された「給付基礎日額」，「加入期間」，「特例による理由」，「加入月数」，「１月分の保険料算定基礎額」，「特例による保険料算定基礎額」を記載し，合計額を算出します。

※　保険料算定基礎額は労働局の「年度更新手続のしおり（海外派遣特別加入者）」の中にある月割早見表を参照します。労働局のホームページからダウンロードも可能です。

**特別加入保険料算定基礎額特例計算対象者内訳（概算）**

別紙様式第1号

特別加入保険料算定基礎額特例計算対象者内訳

2018　年度分　　　　1　枚のうち　1　枚目

| 労働保険番号 | 府県 | | 所掌 | 管轄 | | 基幹番号 | | | | | | 枝番号 | | |
|---|---|---|---|---|---|---|---|---|---|---|---|---|---|---|
| | 1 | 3 | 1 | 0 | 0 | 0 | 0 | 0 | 0 | 0 | 0 | 3 | 0 | 1 |

| 整理番号 | 特別加入者氏名 | 給付基礎日額 | 当該保険料算定期間における特別加入期間 | 特例による理由 | 加入月数 | 1月分の保険料算定基礎額 | 特例による保険料算定基礎額 |
|---|---|---|---|---|---|---|---|
| 1 | 伊藤三郎 | 20,000円 | 2018年 4月 1日 ～2018年 12月 31日 | 1加入 ②脱退、自動消滅等 | 9月 | 608,334円 | 5,475,006円 |
| | | 円 | 年 月 日 ～ 年 月 日 | | 月 | 円 | 円 |
| | | 円 | 年 月 日 ～ 年 月 日 | | 月 | 円 | 円 |
| | | 円 | 年 月 日 ～ 年 月 日 | | 月 | 円 | 円 |
| | | 円 | 年 月 日 ～ 年 月 日 | | 月 | 円 | 円 |
| | | 円 | 年 月 日 ～ 年 月 日 | | 月 | 円 | 円 |
| | | 円 | 年 月 日 ～ 年 月 日 | | 月 | 円 | 円 |
| | | 円 | 年 月 日 ～ 年 月 日 | | 月 | 円 | 円 |
| | | 円 | 年 月 日 ～ 年 月 日 | | 月 | 円 | 円 |
| | | 円 | 年 月 日 ～ 年 月 日 | | 月 | 円 | 円 |
| 計 | 人 | | | | | | 5,475,006円 |

上記のとおり報告します。

## V 概算　特別加入保険料算定基礎額特例計算対象者内訳

新年度中に加入・脱退を予定している者の「氏名」，承認された「給付基礎日額」，「加入期間」，「特例による理由」，「加入月数」，「1月分の保険料算定基礎額」，「特例による保険料算定基礎額」を記載し，合計額を算出します。

別紙様式第1号

特別加入保険料算定基礎額特例計算対象者内訳

2019　年度分

1 枚のうち 1 枚目

| 労働保険番号 | 府県 | | 所掌 | 管轄 | | 基幹番号 | | | | | | 枝番号 | | |
|---|---|---|---|---|---|---|---|---|---|---|---|---|---|---|
| | 1 | 3 | 1 | 0 | 0 | 0 | 0 | 0 | 0 | 0 | 0 | 3 | 0 | 1 |

| 整理番号 | 特別加入者氏名 | 給付基礎日額 | 当該保険料算定期間における特別加入期間 | 特例による理由 | 加入月数 | 1月分の保険料算定基礎額 | 特例による保険料算定基礎額 |
|---|---|---|---|---|---|---|---|
| 1 | 鈴木二郎 | 20,000 円 | 2019 年 6 月 1 日<br>～ 2020 年 3 月 31 日 | ①加入<br>2 脱退、自動消滅等 | 9 月 | 608,334 円 | 5,475,006 円 |
| | | 円 | 年 月 日<br>～ 年 月 日 | | 月 | 円 | 円 |
| | | 円 | 年 月 日<br>～ 年 月 日 | | 月 | 円 | 円 |
| | | 円 | 年 月 日<br>～ 年 月 日 | | 月 | 円 | 円 |
| | | 円 | 年 月 日<br>～ 年 月 日 | | 月 | 円 | 円 |
| | | 円 | 年 月 日<br>～ 年 月 日 | | 月 | 円 | 円 |
| | | 円 | 年 月 日<br>～ 年 月 日 | | 月 | 円 | 円 |
| | | 円 | 年 月 日<br>～ 年 月 日 | | 月 | 円 | 円 |
| | | 円 | 年 月 日<br>～ 年 月 日 | | 月 | 円 | 円 |
| | | 円 | 年 月 日<br>～ 年 月 日 | | 月 | 円 | 円 |
| 計 | 人 | | | | | | 5,475,006 円 |

上記のとおり報告します。

## Ⅵ 第３種特別加入保険料申告内訳

給付基礎日額別の各行の上段には，年度を通じて加入している海外赴任者（特例計算対象者以外の者）の前年度の確定保険料および新年度の概算保険料を人数とともに記載します。

給付基礎日額別の各行の下段には，年度中に加入・脱退する海外赴任者（特例計算対象者）について記載します。

それぞれの保険料算定基礎額を集計し，保険料率を積算のうえ，保険料額を算出します。

海特様式第1号

### 第3種特別加入保険料申告内訳

（海外派遣者）

2018 年度確定
2019 年度概算

| 労働保険番号 | 府県 | | 所掌 | 管轄 | | 基幹番号 | | | | | | 枝番号 | | |
|---|---|---|---|---|---|---|---|---|---|---|---|---|---|---|
| 番号 | 1 | 3 | 1 | 0 | 0 | 0 | 0 | 0 | 0 | 0 | 0 | 3 | 0 | 1 |

| 給付基礎日額 | 保険料算定基礎額 | 2018 年度確定保険料 | | 2019 年度概算保険料 | |
|---|---|---|---|---|---|
| | | 特別加入者数 | 保険料算定基礎額計 | 特別加入者数 | 保険料算定基礎額計 |
| 25,000円 | 9,125,000円 | | | | |
| | － | | | | |
| 24,000円 | 8,760,000円 | | | | |
| | － | | | | |
| 22,000円 | 8,030,000円 | | | | |
| | － | | | | |
| 20,000円 | 7,300,000円 | | | 1 | 7,300,000 |
| | － | 1 | 5,475,006 | 1 | 5,475,006 |
| 18,000円 | 6,570,000円 | | | | |
| | － | | | | |
| 16,000円 | 5,840,000円 | 1 | 5,840,000 | | |
| | － | | | | |
| 14,000円 | 5,110,000円 | 1 | 5,110,000 | 1 | 5,110,000 |
| | － | | | | |
| 12,000円 | 4,380,000円 | | | | |
| | － | | | | |
| 10,000円 | 3,650,000円 | | | | |
| | － | | | | |
| 9,000円 | 3,285,000円 | | | | |
| | － | | | | |
| 8,000円 | 2,920,000円 | | | | |
| | － | | | | |
| 7,000円 | 2,555,000円 | | | | |
| | － | | | | |
| 6,000円 | 2,190,000円 | | | | |
| | － | | | | |
| 5,000円 | 1,825,000円 | | | | |
| | － | | | | |
| 4,000円 | 1,460,000円 | | | | |
| | － | | | | |
| 3,500円 | 1,277,500円 | | | | |
| | － | | | | |
| 小計 | 特例計算以外の者 | 2 人 | 10,950,000 円 | 2 人 | 12,410,000 円 |
| | 特例計算の者 | 1 人 | 5,475,006 円 | 1 人 | 5,475,006 円 |
| 合計 | | 3 人 | 16,425,006 円 | 3 人 | 17,885,006 円 |
| 保険料算定基礎額総計 | | ① | 16,425 千円 | ② | 17,885 千円 |
| 第3種特別加入保険料率 | | ③ | 1，000 分の 3 | ④ | 1，000 分の 3 |
| 保険料額 | | ①×③ | 49,275 | ②×④ | 53,655 |

# Ⅶ 概算保険料・確定保険料申告書

**継続事業**
（一括有期事業を含む。）

種別：3 2 7 0 1　　※修正項目番号　　※入力徴定コード（項1）

年　月　日

| ① 労働保険番号 | 都道府県 | 所掌 | 管轄 | 基幹番号 | 枝番号 |
|---|---|---|---|---|---|
| | 1 3 | 1 | 0 0 | 0 0 0 0 0 0 | －3 0 1（項2） |

※各種区分

| 管轄(2) | 保険関係等 | 業種 | 産業分類 |
|---|---|---|---|
| | | | |

あて先 〒

(2)増加年月日（元号：平成は7、令和は9）　元号－年－月－日（項3）

(3)事業廃止等年月日（元号：平成は7、令和は9）　元号－年－月－日（項4）

※事業廃止等理由（項5）

(4)常時使用労働者数　人（項6）　(5)雇用保険被保険者数　人（項7）　(6)免除対象高年齢雇用者数　人（項8）　（項9）　（項10）

労働局
労働保険特別会計歳入徴収官殿

**確定保険料算定内訳**

算定期間　平成 30 年 4 月 1 日 から　平成 31 年 3 月 31 日 まで

| (7) 区分 | (8) 保険料・拠出金算定基礎額 | (9) 保険料・拠出金率 | (10) 確定保険料・一般拠出金額((8)×(9)) |
|---|---|---|---|
| 労働保険料 | (イ) 16425 千円（項11） | (イ) 1000分の 3.00 | (イ) 49275 円（項12） |
| 労災保険分 | (ロ) 16425 千円（項13） | (ロ) 1000分の | (ロ) 49275 円（項14） |
| 雇用保険分 雇用保険法適用者分 | (ハ) 千円（項15） | | |
| 雇用保険分 高年齢労働者分 | (ニ) 千円（項16） | (ニ) 1000分の 0.00 | (ニ) 円（項17） |
| 雇用保険分 保険料算定対象者分 | (ホ) ((ハ)-(ニ)) 千円（項18） | (ホ) 1000分の | (ホ) 円（項19） |
| 一般拠出金（注1） | (ヘ) 16425 千円（項35） | (ヘ) 1000分の 0.02 | (ヘ) 328 円（項36） |

**概算・増加概算保険料算定内訳**

算定期間　平成 31 年 4 月 1 日 から　平成 32 年 3 月 31 日 まで

| (11) 区分 | (12) 保険料算定基礎額の見込額 | (13) 保険料率 | (14) 概算・増加概算保険料額((12)×(13)) |
|---|---|---|---|
| 労働保険料 | (イ) 17885 千円（項20） | (イ) 1000分の 3.00 | (イ) 53655 円（項21） |
| 労災保険分 | (ロ) 17885 千円（項22） | (ロ) 1000分の | (ロ) 53655 円（項23） |
| 雇用保険分 雇用保険法適用者分 | (ハ) 千円（項24） | | |
| 雇用保険分 高年齢労働者分 | (ニ) 千円（項25） | | |
| 雇用保険分 保険料算定対象者分 | (ホ) ((ハ)-(ニ)) 千円（項26） | (ホ) 1000分の | (ホ) 円（項27） |

（注1）石綿による健康被害の救済に関する法律第35条第1項に基づき、労災保険適用事業主から徴収する一般拠出金
（注2）一般拠出金は延納できません。

(15)事業主の郵便番号（変更のある場合記入）　－（項28）
(16)事業主の電話番号（変更のある場合記入）　－　－（項29）
(17)延納の申請納付回数（項30）

※検算有無区分（項31）　※算調対象区分（項32）　※データ指示コード（項33）　※再入力区分（項34）　※修正項目

(8)(10)(12)(14)(20)(ロ)欄の金額の前に「¥」記号を付さないで下さい

| (18)申告済概算保険料額 | 43,800 円 |
|---|---|

| (20)差引額 | | |
|---|---|---|
| (イ)充当額 | ((18)-(10)の(イ)) | 円 |
| (ハ)不足額 | ((10の(イ)-(18)) | 5,475 円 |
| (ロ)還付額 | ((18)-(10)の(イ)) | 円（項38） |

(30)充当意思（項37）　1:労働保険へのみ充当　2:一般拠出金へのみ充当　3:労働保険料および一般拠出金への充当

| (19)申告済概算保険料額 | 円 |
|---|---|
| (21)増加概算保険料額 ((14)の(イ)-(19)) | 円 |
| (31)法人番号 | （項39） |

**(22)期別納付額**

| 期 | | | | | | | |
|---|---|---|---|---|---|---|---|
| 第1期（初期）全期又は | (イ)概算保険料額 ((14)の(イ)÷(17)＋次期以降の円未満端数) 53,655 円 | (ロ)労働保険料充当額 ((20)の(イ)) 円 | (ハ)不足額 ((20)の(ハ)) 5,475 円 | (ニ)今期労働保険料 ((イ)-(ロ)又は(イ)+(ハ)) 59,130 円 | (ホ)一般拠出金充当額((20)の(イ)) 円 | (ヘ)一般拠出金額 ((10)の(ヘ)-(ホ))（注2） 328 円 | (ト)今期納付額 ((ニ)+(ヘ)) 59,458 円 |
| 第二期 | (チ)概算保険料額 ((14)の(イ)÷(17)) 円 | (リ)労働保険料充当額 ((20)の(イ)-(22)の(ロ)) 円 | (ヌ)第2期納付額 ((チ)-(リ)) 円 | | | | |
| 第三期 | (ル)概算保険料額 ((14)の(イ)÷(17)) 円 | (ヲ)労働保険料充当額 ((20)の(イ)-(22)の(ロ)-(22)の(リ)) 円 | (ワ)第3期納付額 ((ル)-(ヲ)) 円 | | | | |

(25)事業又は作業の種類：海外派遣

(23)保険関係成立年月日

(24)事業廃止等理由

(26)加入している労働保険：□ (イ)労災保険　□ (ロ)雇用保険

(27)特掲事業

(28)事業
- (イ)所在地：新宿区西新宿１－25－１
- (ロ)名称：CSアカウンティング株式会社

(29)事業主
- 郵便番号：163－0630　電話番号：（03）5908－3421
- (イ)住所（法人の時は主たる事務所の所在地）：新宿区西新宿１－25－１
- (ロ)名称：CSアカウンティング株式会社
- (ハ)氏名（法人のときは代表者の氏名）：代表取締役　CS 太郎　　記名押印又は署名　印

会社

# 5 給付基礎日額の変更

一度決定した海外派遣特別加入の給付基礎日額は，事前に申請することにより翌年度から変更可能です。

「労災保険特別加入」で説明した，海外特別加入の際の給付基礎日額は変更が可能です。

給付基礎日額の変更申請をすることにより毎年支払う労災保険料も変更になりますが，申請後に受けられる休業（補償）給付等の給付金の額も給付基礎日額の額に応じて変更になります。

※　給付基礎日額変更の申請前に業務災害や通勤災害が発生していた場合の保険給付の額は，変更申請前の給付基礎日額に基づいて支払われます。

給付基礎日額変更の申請可能時期は，３月２日～３月31日と，６月１日～７月10日（年度更新期間）です。

## Ⅰ 給付基礎日額変更手続

①　年度更新手続と同時に行う場合（６月１日～７月10日）

・　申請用紙：第３種特別加入保険料申告内訳名簿

②　３月（３月２日～３月31日）に手続する場合

・「給付基礎日額変更申請書」に３月２日～３月31日の日付で労働局または労働基準監督署の受付印があるものが対象になります。期間外申請は受け付けられず，早すぎる申請も無効とされます。

・　同じ特別加入者について，再度，年度更新時に給付基礎日額を変更することはできません。

・　申請用紙：給付基礎日額変更申請書　様式第２号

問合せ先：労働局　労働保険徴収部徴収課
　　　　　または　労働基準監督署　労災課（労働保険）

## 給付基礎日額変更申請書

特様式第2号

労働者災害補償保険 給付基礎日額変更申請書
（特別加入）

帳票種別
3 6 2 4 5

労働保険番号

| 府県 | 所掌 | 管轄 | 基幹番号 | 枝番号 |
|---|---|---|---|---|
| 1 3 | 1 | 0 0 | 0 0 0 0 0 0 | 3 0 1 |

※印の欄は記載しないでください。（職員が記載します。）

| ※受付年月日 | 9 令和　元号　年　月　日（1~9年は右へ　1~9月は右へ　1~9日は右へ） |
|---|---|

東京　労働局長　殿

令和2年　○月　○日

郵便番号 163 - 0630　電話番号 03 - 5908 - 3421

住　所　東京都新宿区西新宿１－25－１

保険加入者の
氏　名　ＣＳアカウンティング株式会社
代表取締役　ＣＳ　一郎　印

（法人その他の団体のときはその名称及び代表者の氏名）

下記のとおり給付基礎日額の変更を申請します。

（　　枚の内　1　枚目）

| ※　整理番号 | 変更を希望する特別加入者の氏名 | 現在の給付基礎日額 | 今回希望する給付基礎日額 |
|---|---|---|---|
| 1 | ＣＳ　太郎 | 14,000 | 20,000 |
| | | | |
| | | | |
| | | | |
| | | | |
| | | | |
| | | | |
| | | | |
| | | | |
| | | | |

〔注意〕

1. 変更を希望する特別加入者が多数おり氏名欄に記載することができない場合は、続紙を付して記載すること。
2. 「保険加入者の氏名」の欄は、記名押印することに代えて、自筆による署名をすることができる。

会社

# 1 従業員に対する課税

海外赴任期間中に１年以上の期間にわたり日本における勤務がない限り，日本を出国した翌日から，非居住者となります。

非居住者に対する日本での所得税の課税対象となるのは，国内勤務に対するものに限定されるため，留守宅手当なども課税の対象とはならないことになります。

## Ⅰ 赴任社員の源泉先は勤務地国

海外赴任社員に支払われる給与，賞与，留守宅手当など諸手当の収入は，すべて赴任先国での税法に従い課税され，納税されます。

所得の「源泉」先は，赴任社員本人が就労した場所（国・地域）にあり，支払い先が国外の日本本社であろうと赴任国の現地法人，海外支社，駐在事務所であろうと関係なく，勤務地国への納税となります。

仮に，留守宅手当を日本円で日本の口座に振り込んだ場合であっても，海外勤務に対する対価と考えられるため，赴任先の国の税法により課税され，納税することになります。

海外赴任先の現地法人が日本法人の子会社であっても，基本的には日本の本社とは別法人となるため，勤務地国での国の法人のために勤務しているのであれば，当該社員にかかる費用は，現地法人が負担すべきものと考えられます。

## Ⅱ 勤務地国での税務

１年以上の予定で海外赴任している場合，日本では非居住者となります。

当該社員が，日本の会社から受ける給与であっても，赴任先の勤務への対価とみなされるため，日本においては国外源泉所得となり，一方で赴任先の国の「国内源泉所得」となり，赴任先での納税義務が生じます。

上述のケースにおいて日本から支払われる給与について，赴任先での納税をしていないケースが見受けられますが，あくまで海外での納税の対象となるため，現地から支払われる給与も日本から支払われる給与も合わせて，勤務地国での申告・納税を行うようにしましょう。

## Ⅲ 日本の税務上の留意点

海外子会社に日本親会社の社員を出向（在籍出向）させる形態は多くみられます。海外出向者には現地払給与が支給されるのに加えて，労働条件が出向後も不利益とならないように，日本払給与が支給される場合も少なくありません。このような場合，日本払給料の全額について海外子会社から送金を受けていないなど，海外出向者の日本払給料の負担が日本親会社となっている場合には，当該負担額を日本親会社の損金に計上してよいのかという問題が生じます。

現地法人に出向している社員の給与を親会社である日本法人が負担している場合，「日本の本社から海外現地法人への寄附金である」とみなされ，損金算入を否認され，課税される場合があります。

寄附金とみなされるか否かの判断の指針は，法人税基本通達9-2-47に示されている通り赴任先の現地法人が経営不振である場合や，日本払いの給与が出向先法人（海外子会社）との給与条件の格差を補填するために支給するものである場合には，出向元法人（日本親会社）の損金として認められるとされています。

つまり，出向先法人の給与水準が出向元法人の水準より低いため，それを補う目的にて出向元法人が出向者に支給する給与については損金算入が認められることになります。当該通達は判断基準の指針とされますが，格差補填の金額的なラインを明確にしているわけではないので，出向者の職責，業務内容等の実情に即した合理的な格差補填金額の算定が必要とされます。

会社

# 2 役員に対する課税

日本法人で使用人の立場である場合，海外赴任中に国内で支払われる給与（留守宅手当など）は，国内源泉所得とみなされないため，日本では課税されません。

一方で，日本法人において役員の立場である場合，海外勤務中に日本国内から給与を受け取った場合，「国内源泉所得」とみなされ，支払時に会社側から20.42％の源泉徴収をされることになります。

## Ⅰ 役員への国内払いの給与が課税となる理由

給与等の人的役務提供については，原則として役務提供地＝つまり勤務先国での課税となります。

しかしながら，内国法人の役員である場合，勤務が国外で行われていても，役員としての性質上，国内で役務提供を行っているとみなされます。

よって，日本法人において役員の立場を有する者に対する報酬は原則として国内源泉所得として取り扱われることになります。

## Ⅱ 内国法人の役員であっても課税されない場合

上述における例外として，内国法人の役員であっても，日本の国内源泉所得とされない場合があります。

所得税基本通達161－42，43によると，役員としての肩書を有している場合でも，「内国法人の使用人として常時勤務を行う場合」例えば，内国法人の海外法人における支店長として常時その支店に勤務する場合は，使用人としての扱いを受け，国内源泉所得ではないいわゆる国外源泉所得とみなされ，日本での課税は非課税とされる場合があります。使用人とみなされるケースは以下の条件を満たす場合とされます。

・　海外子会社が現地の特殊事情に基づくものであっても，海外子会社の実態が内国法人の支店・出張所と異ならないものであること

・　当該役員の海外子会社における勤務が，内国法人の命令に基づいており，内国法人の使用人としての勤務と認められること

## Ⅲ 内国法人の役員が外国で支払う所得税に対する外国税額控除

一般に居住者が外国で所得税を納付することになった場合，日本においても赴任先においても，所得税がかかり，二重に課税されてしまいます。二重課税を排除するため，外国税額控除の適用を受けることができる仕組みになっています。

内国法人の役員の場合，その勤務が海外で行われたものとしても役員としての性質上，外国での役務であっても，国内源泉所得とみなされ，課税することとされています。よって，内国法人の役員が海外で得る給与に関しては，国外源泉所得ではなく，国内源泉所得となります。しかしながら，赴任地国においても居住者として所得税が課税されている場合，二重課税となってしまいます。日本の所得税法上租税条約において条約相手国で租税を課すことができるとされている所得については，国外源泉所得として扱い，外国税額控除を適用することができることとされています。

会社

# 3 帰国旅費の取扱い

海外赴任者が年に１回程度日本へ休暇のために帰国する場合などの帰国に要する旅費については，その目的によって課税される場合と非課税とされる場合があります。

あらかじめ，海外赴任をする前に，どのような目的の帰国旅費である場合ならば課税となるか非課税となるかを海外赴任規程に明記しておき当該社員と共有しておくことが必要でしょう。

旅費が非課税とされるためには給与所得者が職務遂行のための旅行をし，その旅行に必要な支出のために会社が実費相当分を負担した場合とされています。

つまり，帰国旅費が個人的な事情で旅行した場合とみなされない限りは非課税と考えてよいでしょう。

帰国旅費を非課税とする根拠としては，国内に勤務する外国人への取扱いが挙げられます。

異国での労働環境の特殊性に対しての配慮として，帰国に要する旅についても，その旅費が経済的，合理的であるとみなされ，①就業規則に規定し，②もっとも経済的かつ合理的と認められる旅行の経路および方法であるなどの一定の要件を満たす場合に，非課税とされる制度です。

この制度に基づき，海外勤務者の帰宅旅費についても原則としては，法人が給与として経理処理をしない限りは課税されないと考えられます。

そもそも，非居住者である海外勤務者の給与は一般の使用人の場合，国外源泉所得として日本では課税されないため，その意味においても帰国旅費を給与とみなしたとして日本において課税されることはないともいえます。

しかしながら，勤務地国での課税となる国外所得では，課税対象となる場合もあるため，勤務地国における所得税を確認したうえで，所得税の対象となる場合はきちんと課税処理をして納税をする必要があります。

赴任者

# 4 国際キャッシュカード

国際キャッシュカードは，海外にあるATMを使って，日本の銀行の口座から直接現地通貨を引き出すためのカードです。
引出しに手数料がかかり，両替率がよくないというデメリットもありますが，主要な都市銀行で取り扱っているという点からも，用意しておくと便利です。

## Ⅰ 国際キャッシュカードとは？

国際キャッシュカードは，国際的なATMのネットワークを使って運用されており，100カ国以上の国や地域に設置されているCD（現金支払機）やATM（現金自動預払機）から引出しができます。

現地で引き出した外貨は円換算され，日本の総合口座から引き落とされる仕組みになっています。換算レートや，手数料，サービス内容は各銀行によって異なってきます。

## Ⅱ 換算レートの決め方

VISAやMasterなどが独自に決めるレートや，電信売相場（TTS）を基準に換算レートを決めています。

換算レートやサービス内容については銀行ごとに異なるため，取引のある銀行にあらかじめ確認しておくことが必要です。

## Ⅲ トラベラーズチェック（TC）との比較

引出しの度に手数料がかかる国際キャッシュカードに比べると，TCの方が割安になりますが，一方で，複数国・地域に行く場合，通貨ごとにTCを持たなければならないため，手間がかかります。

国際キャッシュカードとTCの両者のメリットを生かして，上手く使い分けていくのがよいでしょう。

## Ⅳ 紛失・盗難した場合は？

どの銀行も専用の電話番号があるので，速やかにカード利用停止の手続をとります。銀行によっては，提携している旅行会社（主要都市に設置されている，JTBやJCBなど）のトラベルデスクに申し出ると，代替カードを受け取れる場合があります。

**ATTENTION**

海外ではATMの故障や通信回線の障害が発生することも少なくありません。

現金が出てこないのに引出し記録に残ってしまったり，カードがATMから出てこなくなってしまったりするケースもあります。

このような場合は利用明細をきちんと保管しておくとともにトラブル対応専用の問合せ窓口に速やかに連絡するようにしてください。

# 3 現地で支払う給与

会社

## 1 海外赴任者の給与の設定方法の例

海外赴任者の給与には，海外払い給与と国内払い給与があります。

### Ⅰ 海外払い給与

海外赴任者に現地で支払う給与の設定方法には，主に下記の３つが考えられます。

① **購買力補償方式**

国内勤務時の給与から税・社会保険料等を差し引き，生計費指数等を乗じて現地通貨に換算し支給額を決定する方法

② **併用方式**

Ａ：国内勤務時の基本給に比例して支給する給与

Ｂ：赴任先の国・地域別に設定した給与

Ａ＆Ｂを合算して算出する方法

③ **別建て方式**

国内勤務時の給与とは無関係に，赴任先の国・地域および赴任中の職務・役割等に基づいて算定する方法

現在多く用いられている海外給与の設定方法は，日本での生活水準を勤務地国で維持する考え方に基づいた①の「購買力補償方式」です。労務行政研究所「2018年海外勤務者の給与等に関する実態調査」（「労政時報」第3963号）によると，購買力補償方式を採用している企業は71.2%となっています。同調査では海外給与支給額の集計も行われています。

購買力補償方式のメリットは

1．現地生計費に見合った合理的な支給水準の確保が可能

2．駐在国間および国内勤務者の給与との均衡がわかりやすい

3．為替や物価変動への対応も比較的容易

4．外部機関の客観的資料を用いるため，赴任者への根拠の説明がしやすいことや社内で費やす労力を節約できること

などがあります。

## Ⅱ 国内払い給与

海外勤務中でも日本の社会保険料の支払いや，国内に残留する家族の生計費などの費用が留守宅手当として国内で支給されます。国内払い給与は多くの企業で採用されています。

## Ⅲ 給与の支払時の通貨

海外勤務者に支払う海外払い給与の通貨は，通常は現地通貨としますが，現地通貨の価値が安定していない場合には，円建てや米ドル建てとする場合もあります。国内で支給する手当は円建てとします。

会社

# 2 購買力補償方式

海外払い給与のうち，多くの企業で採用されている方法です。

購買力補償方式は，国内勤務時の給与から税・社会保険料等を差し引き，生計費指数等を乗じて現地通貨に換算し支給額を決定する方法になります。この方法では，まず基準となる日本での支給額を決定します。

**図表5 購買力補償方式の例**

例：年収600万円，配偶者１名とした場合

① 月収50万円×12カ月

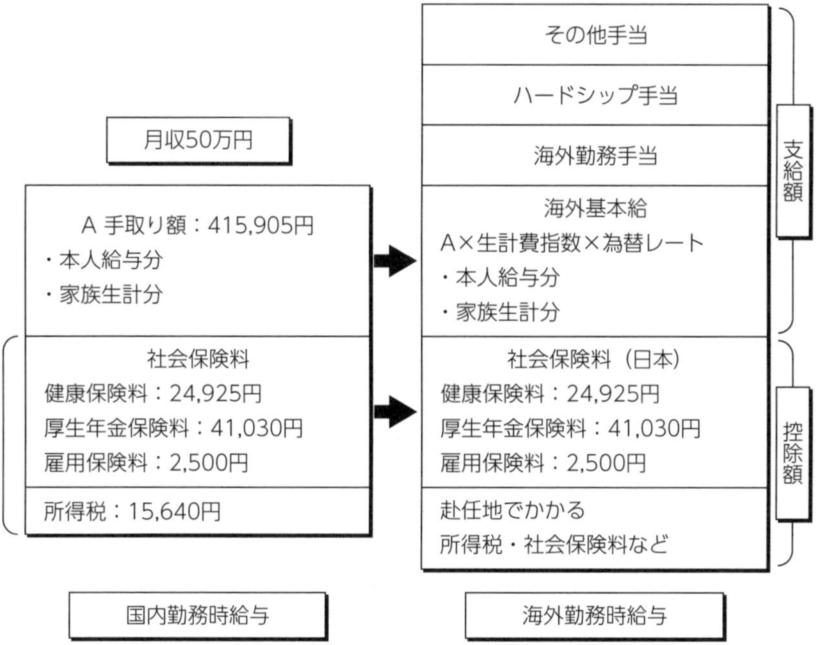

② 月収35万円×12カ月＋賞与２回（各40万円）

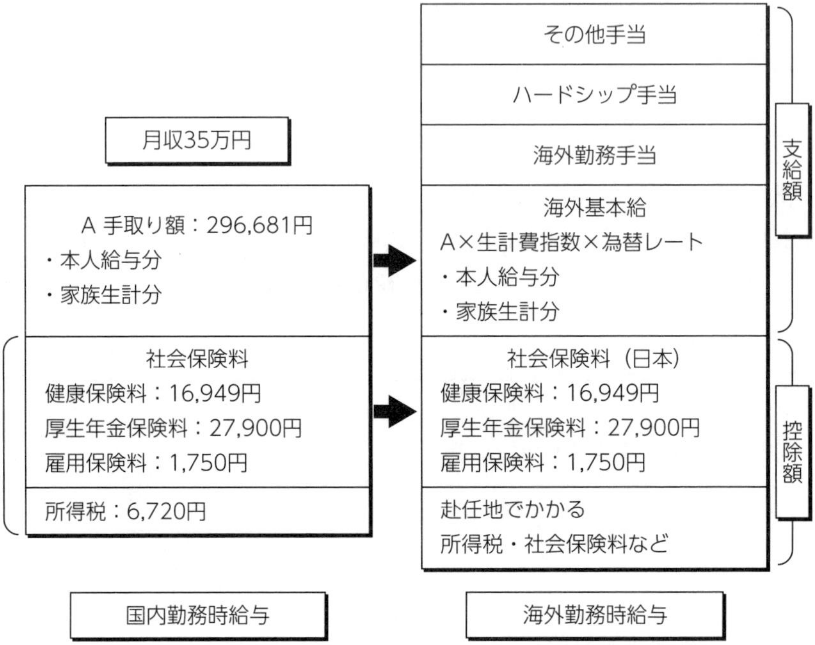


これらは，あくまで一例になります。

・　生計費指数は，外資系人事コンサルティング会社から年２回ほど発表される都市別のものを使用するのが一般的ですが，公的指標である「国連職員の赴任地域別生計費指数」を使用する方法もあります。

・　購買力補償方式で算定した海外給与には，海外で生活するための必要な費用（本人給与分・家族生計分）しか含まれていないため，この方式を採用する場合は，別途海外勤務手当やハードシップ手当を支給する場合が一般的です。

会社

# 3　各種手当の種類

海外赴任者に対して，海外基本給以外にも様々な手当を支給する企業が多くあります。

## Ⅰ　海外払い給与

### 1．海外勤務手当

海外勤務に伴う苦労や不便を金銭で補償する，いわゆる海外勤務に伴う奨励金として支給される手当です。

購買力補償方式を採用する場合には海外基本給の中には生計費相当分しか含まれていないため，海外勤務手当を支給しますが，別建て方式を採用する場合には海外勤務手当を含めて海外基本給を設定しているため，海外勤務手当を支給しないケースが多くなります。

### 2．ハードシップ手当

日本と比べて，生活環境（治安，気候，食生活など）が厳しい地域に赴任する社員に慰労を目的として支給する手当です。支給対象地域は開発途上国であることが多く，それらの国の生活水準は年々変化しているため，他の手当以上に各地域の生活環境の程度に応じて定期的に金額の水準を見直す必要があります。

なお同一国内であっても都心部と地方では生活環境が異なることも多いため，国別ではなく都市別にハードシップ手当を設定することが一般的です。

### 3．帯同家族手当

赴任地に帯同する家族に対する手当として支給されます。

購買力補償方式を採用する場合には，海外基本給の中に家族手当分が含まれているため支給しないケースが多くあります。

### 4．子女教育手当

赴任地に帯同した子女の教育費を会社が負担するものですが，実費全額を負担する方法と，一定額または一定率を負担する方法とがあります。

カバーする教育費用の範囲や，支給の割合（全額または一定額）は企業により様々です。

### 5．住宅手当

海外勤務者の現地での住居費は，通常は会社が全額を負担しますが，不必要に高級な住宅への入居を防ぐために，一定額を社宅家賃として徴収する会社もあります。

なお海外勤務者の家賃が会社から家主に直接支払われる場合であっても，家賃相当額は経済的利益に該当し，「海外勤務者に対する給与」とみなされるため，各国の税制に従い所得税の課税計算が必要になります。

## Ⅱ 国内払い給与

### 留守宅手当

在籍出向などで，日本の社会保険料などの支払いが継続している場合の社会保険料や国内に残留している家族の生計費などの費用分として国内で支給します。

赴任者

# 4　海外銀行口座の開設

海外払い給与を支給するためには，海外銀行口座の開設が必要になります。

日本では個人が日常的に利用する目的の場合，普通預金口座を開設することが一般的です。ただし，欧米では個人が小切手を日常的に利用するため，決済口座として当座預金を開設することも多い等，日本とは事情が違うようです。

## Ⅰ　海外口座の作成

口座の種類には

① Savings Account：普通預金口座

② Checking Account：当座預金口座

③ Term Deposit：定期預金口座

等があります。

なお，海外では通帳は一般的にあまり使われず，発行しない銀行も多くあります。こういった場合の口座の残高等はインターネットや毎月銀行から送付される利用明細で確認することになります。

## Ⅱ　海外口座の注意事項

日本で銀行口座を開設・維持する場合とは異なる部分があります。

### 1．口座維持手数料

海外では日本とは異なり，口座の預金残高が一定の金額を下回ると口座維持手数料がかかる場合があります。銀行や口座の種類により口座維持手数料が異なるため，口座を開設する際にあらかじめ確認しておくとよいでしょう。

### 2．現金引出しの限度額

海外の銀行では，ATMで現金を引き出す場合に限度額を設けているところが多くあります。

## Ⅲ 海外口座の開設方法の例

### 1．日本の銀行の紹介により，日本で海外銀行の口座を開設

例えば，三菱東京UFJ銀行では，グループ銀行「ユニオンバンク」の米ドル預金口座の開設を取り次いでいます。口座残高の照会や各種取引（振替え・送金等）では，日本語を話すバイリンガルスタッフが応対します。

### 2．現地で口座を開設

現地オフィスの人事担当者等が一緒に手続をしてもらえるのであれば，もっともスピーディーで間違いない方法です。パスポートや身分証明書が必要な場合も多いため，必要書類は事前に確認する必要があります。

なお，日本語スタッフがいる銀行で口座開設手続をすることもお勧めですが，日本語スタッフ常駐と案内に書いてあっても，実際に行ってみると日本語スタッフが不在のこともあります。そのため日本語スタッフの対応を希望する場合は，事前にインターネットや電話等で予約を取っておくと安心です。

### 3．民間の業者に依頼

民間の業者がサポートする内容は，現地スタッフが窓口で通訳するものや，口座開設に必要な一通りの書類を作成するものなど様々です。ただし，中には口座開設サポートの後に怪しい投資商品を勧めてくる悪質な業者もあるため，信頼できる業者に依頼することが大切です。

会社

# 5 海外送金方法

海外送金の際には，送金手数料だけではなく受取手数料やTTSレートも考慮する必要があります。

日本国内の相手に振り込む場合にはレートは関係ありませんし，通常，手数料は振込時のみにかかるため，振込先で受け取る金額がいくらになるかについて心配する必要はありません。ただし海外口座に振り込む場合は，レートや受取手数料等，国内では発生しない部分についても考慮する必要があります。

## Ⅰ 海外送金をする際に発生する手数料

海外送金をする際には，以下のような手数料が発生します。

① 日本から送金を行う際に発生する手数料（海外送金手数料）

② 送金を中継する際，または海外で送金を受け取る際に発生する手数料（中継銀行・受取銀行の手数料）

日本の銀行で支払う送金手数料だけではなく，海外の銀行で送金を受け取る際に手数料が発生することも考慮する必要があります。

**図表6 | 海外送金の流れ**

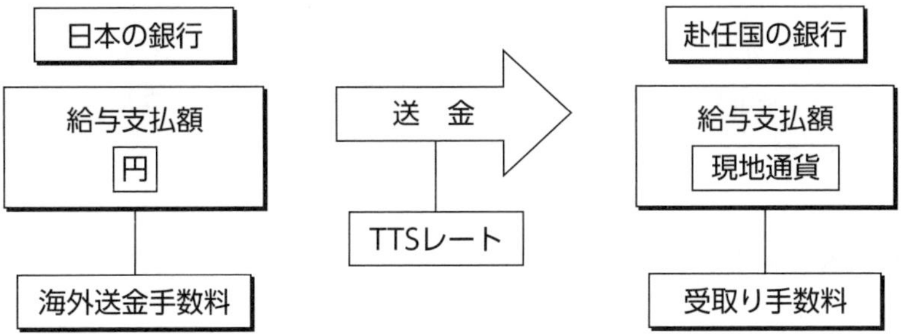

## Ⅱ 海外送金手数料

送金手数料は銀行が独自に決めているため，銀行によっては，同じ銀行の海外本支店に送金すると海外送金手数料が無料になることもあります。一般的には，海外送金手数料は2,000円くらいから6,000円くらいかかるところが多いようですが，

・　円建てで送金　または外貨建てで送金

・　現金を持込み窓口で送金　またはあらかじめ登録のうえオンラインで送金

など，ケースにより手数料が変わります。

ゆうちょダイレクトの海外送金の場合は，１件2,000円※になるため，手数料だけで考えるとお得と思われます。ただし送金に時間がかかる場合があるため，給料の振込みなど支給日があらかじめ決まっているものについては，支給日までかなり余裕がある場合を除いて，他の銀行から送金した方がよい場合もあります。

※　別途，送金額から仲介手数料等が差し引かれることがあります。

## Ⅲ 中継銀行・受取銀行の手数料

この手数料の支払い方は下記のいずれかになります。

①　送金額から自動的に手数料を引かれた額が海外口座に入金される（受取人負担）

②　依頼人が負担する（依頼人負担）

※　ただし，依頼人負担としていても，海外の銀行都合等により，受取人への支払時に現地での支払銀行手数料等が差し引かれ，全額で支払われない場合があります。

## Ⅳ TTSレート

海外へ送金する額が大きくなれば大きくなるほど，TTSレート※による差額も大きくなります。例えば100万円を送金する際に，１ドルのレートが１円変わっただけで１万円相当の差が出ることになります（１ドル＝100円前後とし

た場合)。

よって前述の海外送金手数料や中継銀行・受取銀行の手数料だけでは損得は図れないため，銀行が独自に定めるTTSレートについても意識しておく必要があります。

※　TTS（Telegraphic Transfer Selling Rate）レートは，顧客が金融機関で円貨を外国通貨（外貨）に換える場合に適用されるレートのことをいいます。

## V 海外送金をする際に必要な情報

- 受取人名（口座名義）
- 受取人の住所・国名
- 受取人の口座番号
- 受取銀行名，支店名
- 受取銀行の支店住所（都市名・州・国名も必要）
- 受取銀行の銀行コード　SWIFTコード※（必須）

送金先によってはABAコード，Sortコード，IBANコードが必要になる場合があります。

※　SWIFTコードは，SWIFT（国際銀行間金融通信協会）が提供する国際送金システム上で相手方の銀行を特定するために用いられる金融機関識別コード（ISO 9362）をいいます。

# 4 税務上の留意点

赴任者＆会社

## 1 外国税額控除とは

居住者は，所得の生じた場所が国内であるか，国外であるかを問わずすべての所得について日本で課税されます。海外赴任期間が183日を超えた場合，該当者の給与については日本で課税される他に，海外勤務相当期間分の給与については，勤務先の国でも課税されることになってしまいます。

このような，国際的な二重課税を調整するために，日本と勤務先の双方で課税された部分については一定額について「外国税額控除（日本で納税すべき税金から，外国で納税した税額分を差し引く制度）」の適用を受けることができます。

### Ⅰ 外国所得控除とは？

外国税額控除とは，個人が外国所得税を納付することとなる場合に，その個人の居住地国と外国との二重課税を排除または調整するために，居住地国において，外国で課された所得税を一定の限度をもって居住地国の税額から控除するものです。よって，日本の非居住者は，日本においては外国税額控除を受けることができず，居住地国での外国税額控除の適用を検討することになります。

外国所得税額は，以下の算式により，算出した控除限度額を限度として，外国所得税を納付した年分の日本の所得控除から，控除することができます。

$$\text{所得税の控除限度額}=\text{その年分の所得税の額}\times\frac{\text{その年分の調整国外所得金額}}{\text{その年分の所得総額}}$$

※　復興特別所得税については，上記式の「所得税」を読み替えた式となります。

外国所得税額は，上述の算式により算出した控除限度額を限度として，外国所得税を納付した年分の日本の所得税から控除するので，その年分の国外所得がない場合は，控除額はゼロとなります。なお，この算式における「国外所得」とは，国内源泉所得以外という意味です。

## Ⅱ 外国税額控除の適用時期は？

外国税額控除の適用となる時期は，外国税額を納付することとなる日の属する年分です。「納付することとなる日」とは，原則として租税債務が確定する日ですが，継続適用を条件として実際に納付した日の属する年分において適用することも認められています（所得税基本通達95-3）。

予定納付した外国所得税については，予定納付額を納付することとなる日の属する年分において納付するのが原則ですが，継続適用を条件として，予定納付に係る外国所得税において確定申告した日，または賦課決定があった日の属する年分に適用することも認められています（所得税基本通達95-4）。

## Ⅲ 外国税額控除の適用を受けるためには？

外国税額控除の適用を受けるためには，外国所得税納付時に居住者であること，および，国内所得が生じたときに居住者であることが必要となります。

## Ⅳ 外国税額控除を受けるための手続

繰越控除限度額や繰越外国所得税額がある場合は，発生年度ごとの外国所得税額を記載した書類等の用意が必要となります。手続が発生する場合は，税務署や，税理士にあらかじめ確認をして，行うとよいでしょう。

## 2 租税条約

租税条約とは，二重課税の調整，脱税および租税回避への対応等を通じ，二国間の健全な投資・経済交流の促進を図る目的で，二国間で締結された取決めのことをいいます。

租税条約では，居住者の範囲，所得の源泉地をはじめ，源泉税の制限税率や課税権の範囲，および両国間の相互協力など，二国間の租税に関する基本的な取決めが明記されています。

日本の税法と租税条約の内容が異なる場合には，租税条約の規定は国内法に優先して適用されます。

海外との取引で税務上の取扱いが問題となる場合には，まず，国内法での取扱いを確認し，その後，租税条約での取扱いを確認することになります。

### Ⅰ 租税条約の目的とは？

租税条約を締結する主な目的は，「条約締結国における課税権の調整」，「国際的二重課税の排除」，「国際的な脱税および租税回避の防止」，「条約締結国の課税当局間の協力体制確立」の３点になります。

租税条約には，国際標準となる「OECDモデル租税条約」があり，OECD加盟国を中心に，租税条約を締結する際のひな型としています。日本が締結している租税条約も，OECDモデルを基本としているものが多いです。

### Ⅱ 租税条約の対象は？

租税条約の対象となる税目は，日本側では原則として所得税，法人税および住民税で，相手国ではこれらに相当する「所得に対する税」が該当します。また，租税条約の対象者は一般に「一方または双方の締結国の居住者」ですが，原則として「相手国の居住者」にて起用されることが大部分を占めており，非居住者および外国法人が主な対象者になるとしています。

## Ⅲ 日本の締結状況と締結されていない国との関係

平成30年３月末現在，日本は68の国・地域と57の租税条約を締結しています。主として欧米・アジアの国が対象で，アフリカや中東の国とはあまり締結していないのが現状です。

また，ヨーロッパにおいても，ギリシャ・ポルトガルとは締結されていません。

租税条約を締結している場合は，租税条約を適用しますが，締結されていない国や地域との課税関係は，それぞれの国の国内税法を適用します。

（財務省ホームページより）

## Ⅳ 租税条約の適用を受けるためには？

租税条約を結んでいる＝租税条約が適用されるというわけではありません。

A社がB国（源泉地国）での課税の減免や免除を受けたい場合は，租税条約に関する届出書を提出しなければなりません。

租税条約に基づく源泉所得税の減免を受けたい場合には，「租税条約に関する届出書」を対象となる所得の支払者を通じて，源泉地国の税務当局に提出する必要があります。

会社

# 3 税務調査の注意点

非居住者の取扱いについては，税務調査で指摘が入ることが多い部分です。

## Ⅰ 税務調査とは

税務調査は国税通則法34条の6の規定により，各税務署の調査官が行います。調査が実施される際には，電話または文書で1週間以上前に事前通知されるのが一般的なので，指定された日程では都合が悪い場合は，変更の申出をすることも可能です。

なお，国税の徴収権は納期限から5年で時効が成立するため（国税通則法72条1項），源泉所得税の調査は5年分遡及して行われます（悪質なケースでは7年遡及する場合もあります）。

なお源泉所得税の調査には単独調査と同時調査がありますが，一般的に多いのは同時調査になります。同時調査では，原則として法人税や個人所得税の調査と同時に行われます。

## Ⅱ 海外赴任者の源泉徴収での注意事項

非居住者の源泉徴収が必要となるのは，原則として国内源泉所得に限られています（所得税法212条）。

よって，調査でチェックされやすいのも国内勤務分に対する給与の支払い部分になり，具体的にチェックされるポイントは，

- 国内勤務期間にかかる賞与に対する所得税の源泉徴収
- 海外勤務役員の給与に対する所得税の源泉徴収

になります。

その他では，毎月の給与の所得税が正しく源泉徴収されているかを確認する

ため，居住者／非居住者の判断のための海外赴任者の出国日の確認書類を求められる場合があります。よって，海外赴任の辞令や渡航の際の航空券のコピー等も用意しておくと安心です。また，税額表の甲欄（居住者の税率）で計算した期間に関しては，扶養控除等申告書の提出を確認される場合もあるため，事前にきちんと書類を揃えておく必要があります。

年末調整の計算について確認されることもあります。海外赴任に伴い出国年調をする際には，必ず保険料控除申告書を提出してもらうようにしてください。特に，年末調整において，生命保険料控除・地震保険料控除・社会保険料控除（国民年金等にかかるもの）の適用を受ける場合には，原則として保険料支払いの事実を証明する書類が保険料控除申告書に添付されている必要があります（所得税法196条２項）。

なお，住宅借入金等特別控除については，12月31日までその住宅に居住していることが条件になりますので，年の途中で出国年調をする場合は，控除の対象になりません。

また前述したように源泉所得税の調査は法人税の調査と同時に行われることが多いため，海外出向者の給与を給与負担金（もしくは出向料，経営指導料）として支出する際は，寄附金課税について確認される場合があるので留意が必要です。詳細は本章②１「従業員に対する課税」をご参照ください。

## Ⅲ 調査の際に用意しておくとよい書類

賃金台帳や扶養控除等申告書以外にも，以下の書類を依頼があればすぐ提示できるように用意しておくとよいでしょう。

- 海外赴任者名簿
- 海外赴任規程
- 海外赴任の内示書・同意書
- 赴任先企業との関連図

・　赴任者や海外赴任先と会社とのやり取りのメール

・　出国日がわかる資料（航空券のコピー等）

もっとも，税務調査のために過去５年分の資料を遡って用意するのは実際のところ大変ですので，毎月の給与・賞与・退職金計算の際に，計算根拠となる確認資料を全て添付して保管しておくと，税務調査時に慌てて資料を用意する必要がなくなります。

## Ⅳ 税務調査で誤りが発見された場合

税務調査の最終結果を受けて，申告内容に誤りなどがあれば，納税者が修正申告書を提出するか，税務当局が更正処分（追加納税額を決め，納税者に通知をすること）をします。ただし源泉所得税については，会社は源泉所得税の徴収義務を負っているだけで，源泉所得税の申告書というものが存在しないため，調査で源泉所得税の誤りが発見された際には，更正処分をすることになります。会社は更正処分に従い，いったん源泉所得税を立て替えて納付し，後で本人から徴収することとなります。

# 5 その他の留意点

赴任者

## 1 在留届提出

海外の住所が決まったら，住所を管轄する日本国大使館または総領事館（在外公館）に「在留届」の提出が必要です。

### Ⅰ 在留届とは

旅券法16条により，外国に住所または居所を定めて３カ月以上滞在する日本人は，住所または居所を管轄する日本国大使館または総領事館（在外公館）に「在留届」を提出するよう義務付けられています。

海外の住所が決まったら，必要事項を記入のうえ，速やかに提出が必要です。提出はFAX・郵送・インターネット等で可能です。

なお，在留届の管理は提出者のプライバシーを守るため厳重に行われており，内容が公表されることはありません。

### Ⅱ 在留届の提出の必要性

緊急事態が発生し，海外在留邦人が事件や事故，災害に遭ったのではないかと思われるとき，在留届が提出されていれば安否の確認，緊急連絡，救援活動，留守宅への連絡等が迅速に行えます。留守宅からの安否問合せに対しても在留届が提出されていると早く確認できます。

また，各種証明書（在留証明書・在留届出済証明書など）を申請の際，在留届の提出が要件となる場合があります。

その他，在外選挙人登録をする際，「当地に引続き３カ月以上滞在していること」の要件を証明する確認資料となることなどが挙げられます。

※　在留届を提出し別途登録した方を対象に，大使館からのe-mailでメールマガジンを配信している国も多いようです。海外の住所が決まったら，在留届の提出のみではなく，メールマガジンの配信登録もしておくと安心です。

## Ⅲ 変更届

転居，家族の追記等在留者に変更があった際には「変更届」の提出が必要です。

入国後に在留届を提出していても，その後転居した際等に変更届の提出がないと，緊急事態発生のときに連絡などが受けられないことになります。

## Ⅳ 帰国・転出届

帰国する際には「帰国・転出届」の提出が必要です。提出がない場合，緊急事態が発生した際に，既に帰国している方の安否確認に在外公館が時間をとられ，実際に滞在している他の方の安否確認作業が遅れてしまう可能性もあります。

## Ⅴ 在留届の用紙の入手

在留届用紙は，日本国内では各都道府県の旅券窓口，外国では在外公館で入手できます。

また，外務省のホームページからダウンロードすることも可能です。

**「在留届」についての問合せ先：外務省（大使館，総領事館）または各都道府県旅券窓口**

（外務省ホームページより）

## 在留届

# 在留届　在外公館<br>受付日付

(別記第14号様式)

| | | | | | |
|---|---|---|---|---|---|
| 氏名 | ローマ字<br>(旅券記載どおり) | (Surname) | (Given Name) | 生年月日<br>西暦　年　月　日生 | |
| | 漢　字 | (姓) | (名) | 1.男<br>2.女 | 1.長期滞在<br>2.永住 | □在留国国籍有 |
| 本　籍 | | 都道<br>府県 | 市郡<br>(区) | 区<br>町村 | |
| 職　業<br>(該当事項に○) | | 1. 民間企業関係者<br>4. 留学生・研究者・教師 | 2. 報道関係者<br>5. 政府関係機関職員 | 3. 自由業及び専門的職業関係者<br>6. その他（　　） | |
| 日本国<br>旅券番号 | | | 到着日<br>西暦　年　月　日 | 滞在期間(未定の場合も予定を記入。日付は末日で可)<br>西暦　年　月　日まで | |

永住の方は2999年12月31日と記入。以下同じ

| | | |
|---|---|---|
| 在留地の住所<br>又は居所 | | |
| 電　話 | ① | ② |
| FAX | ① | ② |
| 携帯電話 | ①<br>(SMS利用の有・無)(日本語環境の有・無) | ②<br>(SMS利用の有・無)(日本語環境の有・無) |
| メールアドレス | ①(PC･携帯) | ②(PC･携帯) |
| 在留地の<br>緊急連絡先<br>(日中の連絡先等) | 氏名又は会社等所属先名　本人との関係<br>住所<br>電話　FAX　e-mail | |
| 日本国内の<br>連絡先 | 氏名　本人との関係　電話<br>住所 | |
| 日本国内の<br>所属先 | 会社等所属先名<br>電話 | |

同居家族

| | | | | | | | |
|---|---|---|---|---|---|---|---|
| 続柄 | 氏名 | ローマ字<br>(旅券記載どおり) | (Surname) | (Given Name) | (Middle Name ある場合) | 生年月日<br>西暦　年　月　日生 | |
| | | 漢　字 | (姓) | (名) | 1.男<br>2.女 | 1.長期滞在<br>2.永住 | □日本国国籍無<br>□在留国国籍有 |
| 携帯電話 | | | ①<br>(SMS利用の有・無)(日本語環境の有・無) | ②<br>(SMS利用の有・無)(日本語環境の有・無) | | | |
| メールアドレス | | | ①(PC･携帯) | ②(PC･携帯) | | | |
| 会社・学校等<br>日中の連絡先 | | | 名称<br>電話 | | | | |
| 日本国<br>旅券番号 | | | 到着日<br>西暦　年　月　日 | 滞在期間(未定の場合も予定を記入。日付は末日で可)<br>西暦　年　月　日まで | | | |

| | | | | | | | |
|---|---|---|---|---|---|---|---|
| 続柄 | 氏名 | ローマ字<br>(旅券記載どおり) | (Surname) | (Given Name) | (Middle Name ある場合) | 生年月日<br>西暦　年　月　日生 | |
| | | 漢　字 | (姓) | (名) | 1.男<br>2.女 | 1.長期滞在<br>2.永住 | □日本国国籍無<br>□在留国国籍有 |
| 携帯電話 | | | ①<br>(SMS利用の有・無)(日本語環境の有・無) | ②<br>(SMS利用の有・無)(日本語環境の有・無) | | | |
| メールアドレス | | | ①(PC･携帯) | ②(PC･携帯) | | | |
| 会社・学校等<br>日中の連絡先 | | | 名称<br>電話 | | | | |
| 日本国<br>旅券番号 | | | 到着日<br>西暦　年　月　日 | 滞在期間(未定の場合も予定を記入。日付は末日で可)<br>西暦　年　月　日まで | | | |

用紙の大きさはA4

裏面に続く

赴任者

## 2 在外選挙

外国にいながら衆議院議員選挙・参議院議員選挙等の国政選挙に投票できる制度を「在外選挙制度」といいます。

### Ⅰ 在外選挙制度の登録資格

・ 満18歳以上で日本国籍を持っていること
・ 海外に３カ月以上継続して居住していること

（住所を管轄する大使館や総領事館の管轄区域内に引続き３カ月以上居住していること）

申請時点では海外に３カ月以上住所を有している必要はないため，在留届の提出と同時に「在外選挙人名簿登録申請書」を提出することができます。この場合，在外公館で３カ月以上住所を有したことを確認した後で，市区町村選挙管理委員会において在外選挙人名簿に登録されることになります。

**ATTENTION**

1．日本国内の最終住所地で転出届を提出していない場合，在外選挙人名簿に登録できません。
2．一時帰国して日本で転入届を提出した後で再び海外に転出した場合には，転入届を提出して４カ月を経過したときに在外選挙人名簿から抹消されるため，改めて在外選挙人名簿への登録申請が必要です。

### Ⅱ 申請書の提出方法

申請者本人または申請者の同居家族等が，直接，住所地を管轄する日本大使館や総領事館の領事窓口に申請します。申請書は日本大使館や総領事館にありますが，外務省のHPからダウンロードすることも可能です。

## Ⅲ 申請に必要な添付書類

〈申請者本人による申請の場合〉

① 在外選挙人名簿登録申請書

② 有効な旅券

旅券が提示できない場合は，旅券に代わる身分を証明するもの（運転免許証等，日本または居住国の政府・地方公共団体が発行した顔写真付の書類の場合は１点，その他の場合は２点）

〈同居家族等による申請の場合〉

上記①および②の書類に加え，次の③および④の書類が必要となります。

③ 申出書（申請者本人から委任を受けているかどうか確認するもので，登録申請者本人の署名が必要）

④ 申請を行う同居家族の方の旅券（旅券以外の身分証明書は認められません）

## Ⅳ 住所確認

在外選挙人名簿に登録されるためには，申請者が３カ月以上継続して同じ領事管轄区域内に居住していることを在外公館が確認する必要があります。既に３カ月以上居住していて，在留届を３カ月以上前に提出している方は別途の確認は不要です。在留届を提出して３カ月以上前に提出していない場合には，住所を証明する書類（家屋の賃貸契約書，滞在許可証，外国人登録等）を提示する必要があります。

## Ⅴ 在外選挙人証の交付

登録申請書を国内選挙管理委員会宛に送付してから在外選挙人証が交付されるまでには，２カ月程度を要します。選挙の直前に申請しても間に合わないため，余裕をもって申請する必要があります。

なお，在外選挙人証は在外公館の領事窓口で直接受け取る他，登録申請時に手続をすると，在外公館から自宅の住所または緊急連絡先（在留届に記載されている緊急連絡先の住所）宛に郵送も可能です。

## Ⅵ 在外選挙の投票方法

1．在外公館投票が実施される場合：在外公館投票または郵便等投票

2．在外公館投票が実施されない場合：郵便等投票

一時帰国等により国内で投票する場合は，在外選挙人証を提示のうえ，国内での投票が可能です。

（総務省，外務省ホームページより）

## 在外選挙人名簿登録申請書

第４号様式（第４条関係）

# 在外選挙人名簿登録申請書

| | | | | |
|---|---|---|---|---|
| フリガナ | | | 生　年　月　日 | 性　別 |
| 氏　　名 | 姓 | 名 | 年　　月　　日 | □男　□女 |
| 署　　名<br>（必ず自署） | | | | |
| 本　　籍 | □都□道<br>□府□県 | □郡<br>□市 | □町□区<br>□村 | |

| | |
|---|---|
| 住　　所<br>（外国語表記）<br>**〔必ず記入〕** | 住所以外の送付先（在留届の緊急連絡先）<br>（外国語表記）<br>**〔希望により記入〕**<br>（この欄は、在留届の「在留地の緊急連絡先」において、選挙管理委員会が送付する投票用紙等を受け取ることを希望する場合のみ、当該「在留地の緊急連絡先」を書いてください。） |
| Name ______<br>Address | Name ______<br>Address |

（上記「住所」欄及び「住所以外の送付先」欄は、選挙管理委員会から郵便物を送付する際にそのまま転写して宛名として使用しますので、国名を含め正確に枠内に書いてください。また、＿＿＿＿の上には、氏名を忘れずに書いてください。）

| | | | |
|---|---|---|---|
| 住　　所<br>（カタカナ表記） | 国 | □州<br>□省<br>□<br>□ | □県<br>□郡<br>□市<br>□ |
| 経由領事官の名称<br>（申　請　先） | □大　使<br>□総領事<br>（　　出張駐在官事務所） | 左の領事官の管轄区域内に住所を定めた年月日 | 年　　月　　日 |
| 最終住所地から転出した年月日<br>（外国への出国日等） | 年　　月　　日 | 左の転出に係る住民基本台帳法上の届出（市町村への住民票の転出届） | □　行った |
| 日本で住民票に記載されていた最終住所 | □都□道<br>□府□県 | □郡<br>□市 | □町□区<br>□村 |

公職選挙法第30条の５の規定により、必要書類を添え、在外選挙人名簿の登録を申請します。

年　　月　　日

□都□道　□府□県　　□市□区　□町□村　選挙管理委員会委員長　殿

| | | | |
|---|---|---|---|
| 連絡先 | 電話番号（※） | ＦＡＸ番号（※） | メールアドレス |

※日本国内からも連絡がとれるように「国番号－地域番号－電話番号（FAX番号）」の順に記入してください。

会社

# 3 海外赴任中の労務管理

海外赴任者が慣れない海外生活によって受けるストレスを最小限に抑えるよう，企業の適正な労務管理が大切です。

労働者の健康に配慮することは，企業全体の生産能力を引き上げることに繋がります。企業は海外赴任者が心身共に健康でいられるよう，職場環境作りに配慮する必要があります。

## Ⅰ 企業の安全配慮義務

労働契約法５条では事業主の安全配慮義務について定めています。この労働契約法５条自体には罰則がありませんが，安全配慮義務を怠った場合，民法709条（不法行為責任），民法715条（使用者責任），民法415条（債務不履行）等を根拠に，使用者に多額の損害賠償を命じる判例も多数存在するため，労働者安全配慮には十分留意が必要です。

労働契約法５条（労働者の安全への配慮）
使用者は，労働契約に伴い，労働者がその生命，身体等の安全を確保しつつ労働することができるよう，必要な配慮をするものとする。

## Ⅱ メンタルヘルス対策

海外赴任では心理的な影響も大きいため，次のような不安を感じる赴任者も多いと思われます。

- 言葉や生活習慣の違う国での生活上のストレス
- 慣れない業務や職場環境でのストレス
- 帰国後の業務，職位，報酬についての不安

これらの不安やストレスは，コミュニケーションの活性化や積極的な情報提

供により軽減できることも多いものです。海外赴任者の不安要素を完全に払拭させることは難しいですが，可能であれば赴任前に，会社からの説明会や赴任経験者との座談会の機会を持ったりする等で，ある程度海外赴任者の不安を和らげることは可能です。社内で海外赴任の前例がない場合は，外部で開催している海外赴任者向けセミナーを利用する方法もあります。

また赴任後にわからないことや困ったことが起こった場合，海外赴任先に任せきりにせず，必要に応じて日本の本社ともやり取りが行えるような体制作りも重要です。

## Ⅲ 長時間労働の防止

次のケースに当てはまる場合は，海外赴任者が恒常的な長時間労働を行っている可能性があるため，改善の必要があると思われます。

・　業務報告のFAXやメールをいつも現地時間の深夜に送信している
・　勤怠記録では時間外労働や休日労働が恒常的に多い
・　有給休暇の使用が極端に少ない

長時間労働については，赴任者本人の業務遂行のみに原因があるわけではなく，業務フローや責任の所在が不明確なことが原因となっていることもあるようです。日本側にも原因があるのであれば可能な限り是正のうえ，現地のオフィスとも改善策について相談する等の対応が必要です。

また多くの海外事務所では，本来の業務のみではなく，専門外の経理業務や管理業務等の細かな事務作業も兼任して，少人数のスタッフで取り組んでいることも多いようです。こうしたことが長時間労働や精神的なストレスの要因になっていることも少なくありません。そこで，可能な事務作業は日本のオフィスで対応するようにしたり，現地・日本のアウトソーシング会社に委託したりすることも解決策の１つです。アウトソーシング会社に委託すると当然コストはかかりますが，海外赴任者の事務負担を軽減し本来の業務の生産性を上げられることや，ストレスが原因で海外赴任者に急に退職されるリスクを減らせるといったメリットを考慮すると，導入のメリットは十分にあると思われます。

## Ⅳ 健康管理

・　予防接種
・　海外赴任前後の健康診断の実施
・　医療問題の対応

「予防接種」で説明したように予防接種は海外赴任者や家族を感染病から守るだけではなく，周囲への二次感染の防止を図るため，必要に応じて行わないといけません。また，海外赴任期間が長い場合や危険地域に赴任する場合は，赴任後も追加接種を行う必要が生じます。赴任先や赴任期間等に応じて適切に対応しておく必要があります。

※　感染症関連の情報は，外務省の海外安全ホームページ等で参照できます。赴任や渡航の際は，目を通しておくと安心です。

定期健康診断については労働安全衛生法で定められた基準により，１年以内ごとに１回，定期的に定められた項目について事業主の負担で行うことが大前提になります。

医療問題についても配慮が必要です。「海外赴任保険の加入」で説明したように海外赴任先の医療機関で治療を受ける際，民間の保険会社が提携している病院を利用すると，保険会社が直接現地の病院に治療費を支払う，いわゆる自己負担額なしのキャッシュレスサービスを受けることが可能なので，海外赴任者本人の手間を減らすことができます。

ただし，歯科治療など民間の保険が効かない治療を受けた場合は，健康保険の海外療養費の手続が必要になりますし，労災事故にあった場合には労災給付の請求手続が必要になります。これらの対応は海外の勤務先のみで行うのではなく，日本側でも適切に判断し，手続方法について海外赴任者に迅速に説明することが必要になります。実際の手続に至らない場合でも，海外赴任者から問合せを受けた場合には，迅速かつ適切に説明できるようにしておく必要があります。

こういったケアに関して，会社の人事部門での対応だけでは難しい場合は，外部の社会保険労務士に依頼して，必要に応じて直接従業員の対応をしてもらったりする体制作りも必要になります。

# 第5章

# 赴任中に退職した場合

海外赴任中に赴任先で退職をした場合，日本国内で退職をする場合とは手続が異なる場合があります。

また，日本国内に居住している際の退職手続とすべき手続は同じであっても，日本では受けられる失業給付が海外では受けられないなど，国内居住時とは同様にいかないこともあります。

本章では，日本国内に居住している時とは異なるケースについて説明をしていきます。

# 1 社会保険・労働保険の資格喪失手続

海外赴任者が現地で退職する際に必要な手続です。

海外赴任中の赴任者が現地で退職する場合に行う手続には，次のようなものがあります。

社会保険資格を喪失した場合で説明したように，転籍（移籍出向）による海外赴任等で，既に喪失手続が済んでいる場合は手続は不要です。

## Ⅰ 会社が行う手続

| | 提出書類 | 提出先 |
|---|---|---|
| 健康保険 | ・被保険者資格喪失届<br>・健康保険証 | 所轄の年金事務所<br>または健康保険組合 |
| 厚生年金保険 | ・被保険者資格喪失届 | 所轄の年金事務所 |
| 労災保険 | ・特別加入に関する変更届 | 所轄の労働基準監督署 |
| 雇用保険 | ・資格喪失届<br>・離職証明書 | 所轄のハローワーク |

※　厚生年金基金に加入している場合は別途，厚生年金基金加入員資格喪失届の提出が必要です。

## 労働者災害補償保険　特別加入に関する変更届

様式第34号の12（表面）

**労働者災害補償保険　特別加入に関する変更届　~~特別加入脱退申請書~~（海外派遣者）**

帳票種別　3 6 2 4 3

◎裏面の注意事項を読んでから記載してください。
※印の欄は記載しないでください。（職員が記載します。）

| | |
|---|---|
| ※受付年月日 | 9 令和　元号　年　月　日（1〜9年は右へ　1〜9月は右へ　1〜9日は右へ） |

特別加入の承認に係る事業

| 労働保険番号 | 府県 | 所掌 | 管轄 | 基幹番号 | 枝番号 |
|---|---|---|---|---|---|
| | 1 3 | 1 | 0 0 | 0 0 0 0 0 0 | 3 0 1 |

| 事業の名称 | 事業場の所在地 |
|---|---|
| CSアカウンティング株式会社 | 東京都新宿区西新宿１－25－１ |

**変更届の場合（特別加入者のうち一部に変更がある場合）**

今回の変更届に係る者 合計：　人
内訳（変更：　人、脱退：　人、加入：　人）
＊この用紙に記載しきれない場合には、別紙に記載すること。

特別加入者に関する事項の変更

| 変更年月日 | 変更を生じた者の | 派遣先の事業の名称及び事業場の所在地 | 派遣先の事業において従事する業務の内容 |
|---|---|---|---|
| 年　月　日 | フリガナ 氏名 | 変更前 | 変更前 |
| 生年月日 年　月　日 | 変更後の フリガナ 氏名 | 変更後 | 変更後 |
| ※整理番号 | | | |
| 変更年月日 年　月　日 | 変更を生じた者の フリガナ 氏名 | 変更前 | 変更前 |
| 生年月日 年　月　日 | 変更後の フリガナ 氏名 | 変更後 | 変更後 |
| ※整理番号 | | | |

特別加入者の異動（特別加入者でなくなった者）

| 異動年月日 | フリガナ／氏名 | 生年月日 | ※整理番号 |
|---|---|---|---|
| 1 年 9 月 13 日 | イトウ　サブロウ／伊藤　三郎 | 昭和50 年 5 月 10 日 | |
| 年　月　日 | | 年　月　日 | |

特別加入者の異動（新たに特別加入者になった者）

| 特別加入予定者 | 派遣先 | | 派遣先の事業において従事する業務の内容（業務内容、地位・役職名、労働者の人数及び就業時間など） | 希望する給付基礎日額 |
|---|---|---|---|---|
| 異動年月日 年　月　日／フリガナ 氏名／生年月日 年　月　日 | 事業の名称／事業場の所在地 | 派遣先国 | | 円 |
| 異動年月日 年　月　日／フリガナ 氏名／生年月日 年　月　日 | 事業の名称／事業場の所在地 | 派遣先国 | | 円 |
| 異動年月日 年　月　日／フリガナ 氏名／生年月日 年　月　日 | 事業の名称／事業場の所在地 | 派遣先国 | | 円 |

変更決定を希望する日（変更届提出の翌日から起算して30日以内）　1 年 9 月 13 日

**脱退申請の場合**

以下の＊欄は、承認を受けた事業に係る特別加入者の全員を特別加入者でないこととする場合に限って記載すること。

| ＊申請の理由（脱退の理由） | ＊脱退を希望する日（申請日から起算して30日以内） |
|---|---|
| | 年　月　日 |

上記のとおり 変更を生じたので届けます。／特別加入脱退を申請します。

1 年 9 月 12 日

東京　労働局長　殿

〒 163－0631　電話（03　5908－3421

団体又は事業主の住所　東京都新宿区西新宿１－25－１

団体の名称又は事業主の氏名　CSアカウンティング(株) 代表取締役　CS　一郎 ㊞

（法人その他の団体であるときはその名称及び代表者の氏名）

## Ⅱ 赴任者が行う手続

退職後，日本へ帰国するか，そのまま赴任地へ居住するかにより必要な手続が変わります。

### 1．日本へ帰国する場合

日本の健康保険・年金は強制加入になります。

| | 健康保険 | 年　金 |
|---|---|---|
| 別の会社へすぐ転職 | 転職先の会社で健康保険に加入 | 転職先の会社で厚生年金保険に加入 |
| しばらく働かない | ・国民健康保険に加入<br>または<br>・健康保険の任意継続<br>または<br>家族の扶養に入る | ・国民年金に加入<br>または<br>配偶者の扶養に入る |

### 2．そのまま赴任地へ居住する場合

日本の健康保険・年金の加入は任意になります。

| 健康保険※1 | 年　金※2 |
|---|---|
| ・現地の制度に加入<br>または<br>・健康保険の任意継続 | ・現地の制度に加入<br>・国民年金任意加入 |

※1　赴任地で強制加入の制度があれば当然そのルールに従うことになりますが，保険給付の内容が十分でない場合は，健康保険の任意継続手続をしておくとより安心です。

※2　赴任地で強制加入の制度があれば当然そのルールに従うことになります。日本と社会保障協定を締結している国であれば，現地での年金制度加入期間は日本での年金加入期間にも通算も可能です（イギリス，韓国，イタリア（現在準備中），中国を除く）。

赴任地に年金制度がない場合や赴任地の年金制度に加入していても日本での年金額を増やしたい場合などは，国民年金の任意加入をしておくとよいでしょう。

赴任者

# 2 失業給付の受給要件

海外赴任中に退職した場合でも，要件を満たせば失業給付の受給は可能です。

## Ⅰ 失業給付の受給要件

失業給付は雇用保険の給付のうちの１つで，雇用保険の被保険者が退職し，働く意思と能力がありながら再就職できない場合に，就職活動中の生活を心配しないで新しい仕事を探し，１日も早く再就職するために支給されるものとされています。

失業給付は次の１，２のいずれにもあてはまる場合に支給されます。

### 1．いつでも就職できる状態にあること

失業給付を受給するには，ハローワークで求職の申込みをすることが必須ですし，『就職しようとする積極的な意思があり，いつでも就職できる能力があるにもかかわらず，本人やハローワークの努力によっても，職業に就くことができない「失業の状態」にあること』であることが必要になります。

よって，海外赴任先で退職後そのまま現地に居住する場合は，失業給付を受けることはできません。

### 2．被保険者期間

「原則として離職の日以前２年間に，離職の日から遡って１カ月ごとに区切った期間に，賃金の支払いの基礎となった日数が11日以上ある月が12カ月以上あり，かつ，雇用保険に加入していた期間が満12カ月以上あること」となっています。

※　倒産，解雇，雇い止め等により離職を余儀なくされた方（特定受給資格者）または期間の定めのある労働契約が予期せずに更新されなかったり，その他やむを得ない理

由により離職した方（特定理由離職者）については，離職の日以前１年間に，離職の日から遡って１カ月ごとに区切った期間に，賃金の支払いの基礎となった日数が11日以上ある月が６カ月以上あり，かつ，雇用保険に加入していた期間が満６カ月以上であれば，受給資格を満たします。

**図表１｜失業給付の受給の要件**

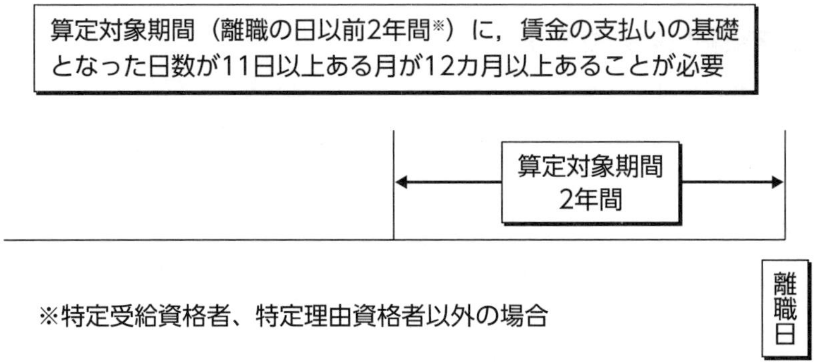


この原則通りに解釈すると出向等で２年間海外赴任して，その間日本の企業から賃金の支払いがなかった場合は，退職しても失業給付がもらえないことになってしまいます。ただし次に説明する要件の緩和の特例を適用すれば，失業給付を受給できる可能性があります。

## Ⅱ 失業給付受給要件の緩和

失業給付の受給要件には特例もあります。離職の日以前の２年間（特定受給資格・特定理由資格者は１年間）のうちに，次のような理由で賃金を受けられなかった期間が連続30日以上あれば，その日数を離職の日以前の２年間（１年間）に加算できます。ただし加算した期間が４年を超えても，離職の日以前４年間までが算定対象期間となります（雇用保険法13条）。

・　疾病・負傷（業務上・外問わず）
・　出産（妊娠４カ月以上の分娩）

・　事業所の休業（休業手当を支払われるべき場合を除く）
・　事業主の命令による外国勤務
・　国と民間企業との間の人事交流に関する法律2条4項2号に該当する交流採用
・　その他公共職業安定所長がやむを得ないと認めた理由
（雇用保険法施行規則18条）

したがって，赴任先での退職日以前4年以内に，日本での給料が12カ月分以上（各月の賃金の支払いの基礎となった日数が11日以上あることが必要です）支払われていれば，失業給付が受給できることになります。

**図表2｜算定対象期間の延長を適用する場合**

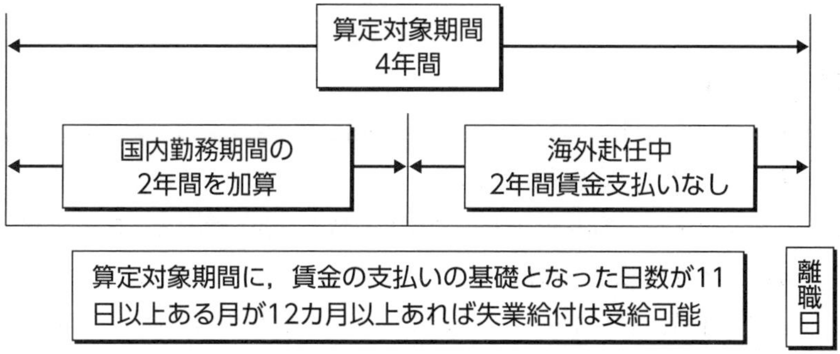

会社

# 3 離職証明書の記載例

海外赴任中により国内給与の支払いがないときや，国内給与の額が減額になったときは，失業給付の額が減らないよう留意が必要です。

退職者が失業給付を受給するためには，

① 雇用保険被保険者離職票１

② 雇用保険被保険者離職票２（離職証明書）

の書類が交付されている必要があります。

退職手続の際に，離職証明書は従業員からの希望がなければ作成・交付しないこともありますが，退職者からあとで作成の依頼がくることもあるため，あらかじめ離職証明書も作成しておくと便利です。

## Ⅰ 失業給付の受給額

失業給付の１日当たりの金額を「基本手当日額」といいます。この「基本手当日額」は原則として離職した日の直前の６カ月に支払われた賃金（賞与等は除く）の合計を180で割って算出した金額（賃金日額）のおよそ50～80％（60歳～64歳については45～80％）になります。

よって，離職直前の６カ月間に海外赴任のために国内給与が支払われていなかった場合や，国内給与の額が減額になっていた場合に，通常通りの手続をしてしまうと，失業給付が受給できなかったり失業給付の額が大幅に下がってしまったりする可能性があります。そこで「赴任中の退職　失業給付の受給要件」で説明した受給要件の緩和を適用すると，失業給付の算定対象となる期間を，日本で勤務していた期間まで遡ることが可能になります。

**ATTENTION**

この取扱いができるのは，「赴任中の退職　失業給付の受給要件」で説明した受給要件の緩和に該当する場合のみになります。よって海外赴任をしてから既に4年以上経過している場合などは，失業給付の算定対象となる期間を，日本で勤務していた期間まで遡ることができません。

## 1．海外赴任中の国内給与の支払いがないとき

海外赴任により30日以上全く賃金の支払いのなかった月については，⑧～⑫欄を省略して記載することができます。

⑬の備考欄には，賃金の支払いを受けなかった期間および海外赴任のため賃金の支払いがなかった旨を記載します。

添付書類として海外赴任をしていた事実を証明する確認資料（海外赴任の辞令など）を離職証明書と一緒にハローワークに提出します。

## 2．海外赴任中の国内給与の支払額が赴任前より減額されているとき

⑬の備考欄には，海外赴任のため賃金が減額されていた旨と，海外赴任していた期間を記載します。

添付書類として海外赴任をしていた事実を証明する確認資料（海外赴任の辞令など）を離職証明書と一緒にハローワークに提出します。

様式第５号

# 雇用保険被保険者離職証明書（安定所提出用）

| | | | | | |
|---|---|---|---|---|---|
| ① 被保険者番号 | 1234-567890-0 | ③ フリガナ | シーエス　タロウ | ④ 離職年月日 | 令和　△△年　10月　31日 |
| ② 事業所番号 | 9999-000001-0 | 離職者氏名 | ＣＳ　太郎 | | |
| ⑤ 事業所 名称 | ＣＳアカウンティング株式会社 | ⑥ 離職者の住所又は居所 | 〒163−0631 新宿区△−△−△ | | |
| 所在地 | 東京都新宿区西新宿１−25−１ | | | | |
| 電話番号 | 03−5908−3421 | | 電話番号（　03　）1234　−　5678 | | |

この証明書の記載は、事実に相違ないことを証明します。

事業主　住所　東京都新宿区西新宿１−25−１

氏名　ＣＳアカウンティング株式会社
代表取締役　ＣＳ　一郎　㊞

※離職票交付　平成　　年　　月　　日
（交付番号　　　　　番）

離受
職領
票印

## 離職の日以前の賃金支払状況等

| ⑧ 被保険者期間算定対象期間 Ⓐ 一般被保険者等 離職日の翌日 11月1日 | Ⓑ 短期雇用特例被保険者 | ⑨ ⑧の期間における賃金支払基礎日数 | ⑩ 賃金支払対象期間 | ⑪ ⑩の基礎日数 | ⑫ 賃金額 Ⓐ | Ⓑ | 計 | ⑬ 備考 |
|---|---|---|---|---|---|---|---|---|
| 10月 1日〜 離職日 | 離職月 | 0日 | 10月 1日〜 離職日 | 0日 | 0 | | | R○○.1.1〜<br>R△△.10.31 |
| 12月 1日〜12月 31日 | 月 | 31日 | 12月 1日〜12月 31日 | 31日 | 350,000 | | | 事業主の命による外国勤務のため支払なし |
| 11月 1日〜11月 30日 | 月 | 30日 | 11月 1日〜11月 30日 | 30日 | 350,000 | | | |
| 10月 1日〜10月 31日 | 月 | 31日 | 10月 1日〜10月 31日 | 31日 | 350,000 | | | |
| 9月 1日〜 9月 30日 | 月 | 30日 | 9月 1日〜 9月 30日 | 30日 | 350,000 | | | |
| 8月 1日〜 8月 31日 | 月 | 31日 | 8月 1日〜 8月 31日 | 31日 | 350,000 | | | |
| 7月 1日〜 7月 31日 | 月 | 31日 | 7月 1日〜 7月 31日 | 31日 | 350,000 | | | |
| 6月 1日〜 6月 30日 | 月 | 30日 | 6月 1日〜 6月 30日 | 30日 | 350,000 | | | |
| 5月 1日〜 5月 31日 | 月 | 31日 | 5月 1日〜 5月 31日 | 31日 | 350,000 | | | |
| 4月 1日〜 4月 30日 | 月 | 30日 | 4月 1日〜 4月 30日 | 30日 | 350,000 | | | |
| 3月 1日〜 3月 31日 | 月 | 31日 | 3月 1日〜 3月 31日 | 31日 | 350,000 | | | |
| 2月 1日〜 2月 29日 | 月 | 29日 | 2月 1日〜 2月 29日 | 29日 | 350,000 | | | |
| 1月 1日〜 1月 31日 | 月 | 31日 | 1月 1日〜 1月 31日 | 31日 | 350,000 | | | |

| | | |
|---|---|---|
| ⑭ 賃金に関する特記事項 | | ⑮この証明書の記載内容（⑦欄を除く）は相違ないと認めます。（記名押印又は自筆による署名）（離職者氏名）ＣＳ　太郎　㊞ |

※公共職業安定所記載欄

⑮欄の記載　　有・無
⑯欄の記載　　有・無
資・聴

本手続きは電子申請による申請も可能です。本手続きについて、電子申請により行う場合には、被保険者が離職証明書の内容について確認したことを証明することができるものを本離職証明書の提出と併せて送信することをもって、当該被保険者の電子署名に代えることができます。

また、本手続きについて、社会保険労務士が電子申請による本届書の提出に関する手続を事業主に代わって行う場合には、当該社会保険労務士が当該事業主の提出代行者であることを証明することができるものを本届書の提出と併せて送信することをもって、当該事業主の電子署名に代えることができます。

| 社会保険労務士記載欄 | 作成年月日・提出代行者・事務代理者の表示 | 氏　名 | 電話番号 |
|---|---|---|---|
| | | ㊞ | |

| ※ | 所長 | 次長 | 課長 | 係長 | 係 |
|---|---|---|---|---|---|
| | | | | | |

様式第5号

# 雇用保険被保険者離職証明書（安定所提出用）

| | | | | | |
|---|---|---|---|---|---|
| ① 被保険者番号 | 1234-567890-0 | ③ フリガナ | シーエス　タロウ | ④ 離職年月日 | 令和　△△年　10月　31日 |
| ② 事業所番号 | 9999-000001-0 | 離職者氏名 | ＣＳ　太郎 | | |

| | | | |
|---|---|---|---|
| ⑤ 事業所 名称 | ＣＳアカウンティング株式会社 | ⑥ 離職者の住所又は居所 | 〒163−0631 新宿区△−△−△ |
| 所在地 | 東京都新宿区西新宿１−25−１ | | |
| 電話番号 | 03−5908−3421 | | 電話番号（　03　）1234　−　5678 |

| | | |
|---|---|---|
| この証明書の記載は、事実に相違ないことを証明します。<br>事業主　住所　東京都新宿区西新宿１−25−１<br>氏名　ＣＳアカウンティング株式会社<br>代表取締役　ＣＳ　一郎　㊞ | ※離職票交付　平成　年　月　日<br>（交付番号　番） | 離職票受領印 |

## 離職の日以前の賃金支払状況等

| ⑧ 被保険者期間算定対象期間 Ⓐ 一般被保険者等（離職日の翌日 11月1日） | Ⓑ 短期雇用特例被保険者 | ⑨ ⑧の期間における賃金支払基礎日数 | ⑩ 賃金支払対象期間 | ⑪ ⑩の基礎日数 | ⑫ 賃金額 Ⓐ | Ⓑ | 計 | ⑬ 備考 |
|---|---|---|---|---|---|---|---|---|
| 10月1日〜離職日 | 離職月 | 31日 | 10月1日〜離職日 | 31日 | 150,000 | | | R○○.8.1〜R△△.10.31 |
| 9月1日〜9月30日 | 月 | 30日 | 9月1日〜9月30日 | 30日 | 150,000 | | | 事業主の命による外国勤務のため国内賃金減額 |
| 8月1日〜8月31日 | 月 | 31日 | 8月1日〜8月31日 | 31日 | 150,000 | | | |
| 7月1日〜7月31日 | 月 | 31日 | 7月1日〜7月31日 | 31日 | 350,000 | | | |
| 6月1日〜6月30日 | 月 | 30日 | 6月1日〜6月30日 | 30日 | 350,000 | | | |
| 5月1日〜5月31日 | 月 | 31日 | 5月1日〜5月31日 | 31日 | 350,000 | | | |
| 4月1日〜4月30日 | 月 | 30日 | 4月1日〜4月30日 | 30日 | 350,000 | | | |
| 3月1日〜3月31日 | 月 | 31日 | 3月1日〜3月31日 | 31日 | 350,000 | | | |
| 2月1日〜2月29日 | 月 | 29日 | 2月1日〜2月29日 | 29日 | 350,000 | | | |
| 1月1日〜1月31日 | 月 | 31日 | 1月1日〜1月31日 | 31日 | 350,000 | | | |
| 12月1日〜12月31日 | 月 | 31日 | 12月1日〜12月31日 | 31日 | 350,000 | | | |
| 11月1日〜11月30日 | 月 | 30日 | 11月1日〜11月30日 | 30日 | 350,000 | | | |
| 10月1日〜10月31日 | 月 | 31日 | 10月1日〜10月31日 | 31日 | 350,000 | | | |

| | | |
|---|---|---|
| ⑭ 賃金に関する特記事項 | | ⑮この証明書の記載内容（⑦欄を除く）は相違ないと認めます。<br>（記名押印又は自筆による署名）<br>（離職者氏名）　ＣＳ　太郎　㊞ |

| | |
|---|---|
| ※公共職業安定所記載欄 | ⑮欄の記載　有・無<br>⑯欄の記載　有・無<br>資・聴 |

本手続きは電子申請による申請も可能です。本手続きについて、電子申請により行う場合には、被保険者が離職証明書の内容について確認したことを証明することができるものを本離職証明書の提出と併せて送信することをもって、当該被保険者の電子署名に代えることができます。

また、本手続きについて、社会保険労務士が電子申請による本届書の提出に関する手続を事業主に代わって行う場合には、当該社会保険労務士が当該事業主の提出代行者であることを証明することができるものを本届書の提出と併せて送信することをもって、当該事業主の電子署名に代えることができます。

| 社会保険労務士記載欄 | 作成年月日・提出代行者・事務代理者の表示 | 氏名 | 電話番号 |
|---|---|---|---|
| | | ㊞ | |

| ※ | 所長 | 次長 | 課長 | 係長 | 係 |
|---|---|---|---|---|---|
| | | | | | |

# 4 退職金の選択課税

海外赴任中（非居住者期間）に退職した場合，支払いが日本帰任後でも，退職日に生じた収入とされます。つまり，海外赴任中に日本の非居住者ならば，非居住者として退職所得を得たことになります。

退職金に係る所得税計算は居住者と非居住者により異なります。

居住者の場合，退職所得控除額を差し引いた残額の２分の１が退職所得となり累進税率が適用されますが，非居住者の場合，国内源泉所得分について20.42％の税率で源泉徴収が行われます。

長期間にわたり勤務してきた者であればあるほど，退職金を受け取った日が居住者であるか，非居住者であるかによって多額の税額負担の差が生じてきます。

このような不公平を解消するために，非居住者期間に退職金の支払いを受けた場合には「退職金の選択課税」という制度があります。

## Ⅰ 退職金の選択課税とは？

非居住者が支払いを受ける退職手当等については，支払時に源泉徴収が行われます。受給者本人の選択により，退職に基づいてその年中に支払われる退職手当の総額を居住者が受けたものとみなして居住者と同様の課税を受けることもできるとされています。

## Ⅱ 非居住者の退職所得に係る国内源泉所得の範囲

非居住者に支払う退職手当等については，居住者であった期間に係る部分が国内源泉所得に該当します。

よって，退職手当が居住者としての勤務期間とそれ以外の勤務期間とを合算した期間に対して支払われる場合には，次の算式による勤務期間按分により国内源泉所得に該当する退職手当の額を計算することになります。

$$\text{退職手当の額} \times \frac{\text{居住者としての勤務期間}}{\text{退職手当の計算の基礎となった期間}}$$

## Ⅲ 選択課税の方が不利となるケース

非居住者の受ける退職所得についての選択課税制度は，あくまで非居住者として源泉徴収を受けた場合よりも居住者として退職所得を申告した方が有利な場合に認められている制度です。

よって，国内の勤務期間の方が非居住者期間よりも短い場合は，源泉徴収をした方が有利になるので，選択課税の申請をあえてする必要はありません。

（例・退職金6,000万円，勤続30年，国内勤務期間４年の場合

１）国内勤務分に係る源泉徴収税額

$$6{,}000\text{万円} \times \frac{4}{30} \times 20.42\% = 1{,}633{,}600\text{円}$$

２）選択課税適用の場合

$$\{6{,}000\text{万円} - (40\text{万円} \times 20\text{年} + 70\text{万円} \times 10\text{年})\} \times 0.5 = 2{,}250\text{万円}$$

$$(2{,}250\text{万円} \times 40\% - 279.6\text{万円}) \times 102.1\% = 6{,}334{,}284\text{円}$$

## Ⅳ 選択課税の適用を受けるための手続

非居住者が退職手当等の選択課税の適用を受けるには，翌年の１月１日以後に税務署長に対して申告書を提出します。

## Ⅴ 会社側の留意点

非居住者が国内源泉所得分について選択課税の申請をする場合でも，選択課税の制度はあくまで本人に限定されたものです。

源泉徴収義務者である会社としては，非居住者のまま退職した社員に対する退職手当の国内勤務に係る部分については，20.42％の源泉徴収が必要となります。

赴任者＆会社

## 5 退職金に係る住民税

退職金に係る所得税については，選択課税の制度がありますが，住民税については，考え方が異なります。

退職所得の支払いを受けるべき日（退職日）の属する年の１月１日に非居住者である場合，退職金から特別徴収される住民税額は発生しないことになります。

### Ⅰ 退職金に係る住民税の考え方

そもそも，住民税については納税義務者の所得を課税標準として翌年に課税する「前年所得課税」が前提となります。一方で，所得税については，支払時に課税する「分離課税に係る所得割」としています。

退職手当等の退職金（所得税を源泉徴収されるものに限られます）は，「退職所得」として他の所得（給与所得，事業所得等）とは分離して，その支払時に住民税を特別徴収する「現年分離課税」が原則になります（「分離課税に係る所得割」）。

つまり，退職所得については，本来，翌年度に支払う住民税を，当年度に支払う仕組みになっています。

### Ⅱ 退職金から特別徴収される住民税

分離課税に係る所得割は，退職所得の支払いを受ける者の退職所得の支払いを受けるべき日（通常は「退職日」です）の属する年の１月１日現在に住所がある都道府県と市区町村が課税権を有しますので，勤務先の会社等の特別徴収義務者が，退職金の支払時に分離課税に係る所得割を特別徴収し，翌月10日までに申告・納税しています。

したがって，退職する年の１月１日現在において非居住者であり，国内に住所を有していない者については，分離課税に係る所得割は課税されないことになりますので，退職所得からの住民税の控除は発生しないことになります。

## Ⅲ 翌年の住民税

前述の通り，退職金の支払いを受けた者が，その翌年の1月1日現在において国内に住所を有している場合には，地方税法313条の規定によってその退職金が住民税の所得割の課税標準に含まれることになりますので，普通徴収による住民税が課税されることになります。

退職時に支払われる退職所得から特別徴収される住民税は，退職金が支払われる年の1月1日時点で非居住者であれば発生しません。しかしながら，退職後，日本国内に居住している場合は，退職所得は所得税の課税標準に含まれるため，結果的に普通徴収の税額が発生するということです。

## Ⅳ 前述の根拠となる通達

昭和41年5月31日自治府第54号通達「外国人等に対する個人の住民税の取扱いについて」に規定されていて，この通達のいう外国人等とは，日本人であっても，非居住者となる人を含んでいます。

- 個人の住民税の賦課期日は1月1日と定められており，1月1日に国内に住所を有していなければ，前年の所得について，住民税の課税義務はないこととされます。
- 外国人等が，入国後継続して1年以上日本に居住することを通常必要とする職業を有する場合等は，日本に住所があるものと推定されますが，その推定に反して，入国後1年以内に出国をした場合，個人の住民税の納税義務は，賦課期日に遡って生じなかったものとされます。
- 日本国内に居住していた者が，出国により賦課期日現在において日本国内に住所を有しない場合には，事務所・事業所または家屋敷を有する場合（均等割が課される）を除き，個人の住民税の納税義務を有しないこととなります。
- 所得税は，非居住者と居住者とで，所得控除および税額控除の範囲が異なりますが，個人の住民税は，非居住者も所得控除および税額控除の範囲は，居住者と同じです。

# 第6章

# 帰国後の手続

海外赴任からの帰国が決まったら，赴任時と同様にすべき手続があります。帰国に際して市区町村等にすべき届出や，社会保険手続や，給与計算や所得税の精算など，出国時と同様に煩雑な手続です。

また，海外において年金に加入していた場合，要件を満たせば赴任していた国の年金を受給できる場合もあります。

本章では，帰国に際して留意すべき事項について，詳細を説明していきます。

# 1 社会保険・労働保険等に関する手続

会社

## 1　帰任時に必要な社会保険等の手続

赴任の際に「介護保険適用除外該当届」を提出している場合は，帰任時に「介護保険適用除外非該当届」の提出が必要です。

### Ⅰ 海外赴任中に社会保険の資格を継続していた場合

海外赴任期間中に社会保険の資格を継続していた場合は，社会保険等に関して帰任の際に特別に手続をする必要はありません。ただし，40歳以上の方で，赴任時に「介護保険適用除外該当届」を提出していた従業員に関しては下記の届出が必要になります。

#### 1．介護保険適用除外（該当・非該当）届

海外から帰任し日本に住所を戻した時は，40歳以上65歳未満の健康保険の被保険者については，健康保険料とともに介護保険料も支払う義務が生じます。

海外赴任時には第３章 1 「4　介護保険料が免除に―介護保険適用除外&記載例」で紹介した「介護保険適用除外等該当届」を提出しているので，帰国時には「介護保険適用除外等非該当届」を提出します。

〈提出書類〉

介護保険適用除外等（該当・非該当）届

〈添付書類〉

住民票の写し（転入届を提出した後転入日が記載されたもの）

〈提出先〉

所轄の年金事務所または健康保険組合

〈提出期限〉

遅滞なく

### 介護保険適用除外等非該当届

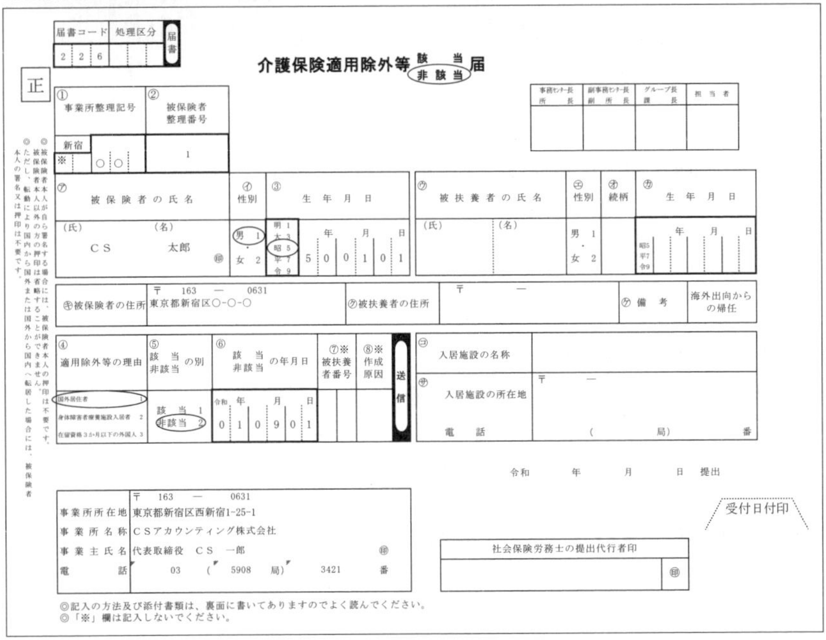

届書コード 2 2 6 ｜ 処理区分 ｜ 届書

正

介護保険適用除外等 該当 ／ 非該当 届

| 事務センター長 所長 | 副事務センター長 副所長 | グループ長 課長 | 担当者 |
|---|---|---|---|
| | | | |

① 事業所整理記号：新宿 ※ ○○
② 被保険者整理番号：1

| ㋐ 被保険者の氏名 | ㋑ 性別 | ③ 生年月日 |
|---|---|---|
| （氏）CS （名）太郎 ㊞ | 男 1 ・ 女 2 | 明1 大3 昭5 平7 令9　5 0 0 1 0 1（年 月 日） |

| ㋒ 被扶養者の氏名 | ㋓ 性別 | ㋔ 続柄 | ㋕ 生年月日 |
|---|---|---|---|
| （氏） （名） | 男 1 ・ 女 2 | | 昭5 平7 令9　年 月 日 |

㋖被保険者の住所：〒 163 — 0631 東京都新宿区○-○-○
㋗被扶養者の住所：〒 —
㋘ 備考：海外出向からの帰任

| ④ 適用除外等の理由 | ⑤ 該当／非該当の別 | ⑥ 該当／非該当の年月日 | ⑦※ 被扶養者番号 | ⑧※ 作成原因 |
|---|---|---|---|---|
| 国外居住者 1<br>身体障害者療養施設入居者 2<br>在留資格3か月以下の外国人 3 | 該当 1<br>非該当 2 | 令和 0 1 0 9 0 1（年 月 日） | | |

送信

㋙ 入居施設の名称：
㋚ 入居施設の所在地：〒 —
電話　（　　局）　番

令和　年　月　日 提出

◎被保険者本人が自ら署名する場合には，被保険者本人の押印は不要です。
◎被保険者本人以外の方の押印は省略することができません。ただし，転勤により国内から国外または国外から国内へ転居した場合には，被保険者本人の署名又は押印は不要です。

事業所所在地：〒 163 — 0631 東京都新宿区西新宿1-25-1
事業所名称：CSアカウンティング株式会社
事業主氏名：代表取締役　CS　一郎　㊞
電話：03（5908 局）3421 番

受付日付印

社会保険労務士の提出代行者印　㊞

◎記入の方法及び添付書類は，裏面に書いてありますのでよく読んでください。
◎「※」欄は記入しないでください。

## 2．給与からの介護保険料の控除

健康保険料・厚生年金保険料は，原則として毎月の給料から前月分の保険料が控除できることになっています（健康保険法167条，厚生年金保険法84条）。

例えば9月15日帰国，同日から日本で勤務する場合，10月の給与から介護保険料を徴収することになります。なお一部の会社では健康保険料・厚生年金保険料を当月の給与で徴収しているところもあります。その場合，9月15日帰国し同日から日本で勤務する場合，9月の給与から介護保険料を控除することになります。

賞与についての保険料は，賞与が支給された月に控除されるため，例えば9月15日帰国，9月25日に賞与の支払いがあった場合は，賞与から介護保険料も控除します。

## Ⅱ 海外赴任中に社会保険の資格を喪失した場合

海外赴任期間中に社会保険の資格を喪失していた場合は，帰任に伴い下記の届出が必要になります。

### 1．健康保険　厚生年金保険　被保険者資格取得届

転籍等で海外赴任時に資格喪失手続をしていた従業員が，日本国内に帰任した場合，新たに社会保険の資格取得届の提出が必要です。

### 2．雇用保険資格取得届

転籍等で海外赴任時に資格喪失手続をしていた従業員が，日本国内に帰任した場合，新たに雇用保険の資格取得届の提出が必要です。

## Ⅲ 労災保険　海外特別加入変更届

社会保険の資格の継続・喪失にかかわらず，労災の海外特別加入手続をしていた場合は，帰任に伴い下記の届出が必要になります。

帰国等により派遣先の事業に従事しなくなり，特別加入者の資格を失った場合，「特別加入に関する変更届」を労働基準監督署長を経由して労働局長に提出が必要です。

特別加入変更届の記載例は「赴任中の退職社会保険・労働保険の資格喪失手続」をご参照ください。

赴任者

## 2　海外年金の受給

海外赴任をした場合，要件を満たせば，勤務した国の年金を受給できる場合もあります。

### Ⅰ　海外年金の受給

日本では老齢年金を受給するために，最低10年間年金制度に加入しておく必要があります。ただし海外では年金加入期間が比較的短くても，老齢年金の受給ができる国が多くあります。その国の年金制度に加入した期間のみで年金を受給できる国も多くありますが，日本の加入期間を通算して年金を受給できるケースもあります（イギリス・韓国・イタリア（現在準備中）・中国については日本の年金期間の通算はできません）。

海外年金のもらい忘れで損をしないよう，赴任先国の年金制度はチェックしておきましょう。

### Ⅱ　各国の年金制度

各国ともに特例があることが多く，また将来制度改正が行われる可能性があるため，詳細については各国へ直接お問い合わせください。

**図表1｜社会保障協定締結国の各国の年金制度**

| | 年金制度への加入対象者 | | | 老齢年金の受給要件 | |
|---|---|---|---|---|---|
| | 被用者 | 自営業者 | 無業の人 | 受給開始年齢 | 最低加入期間 |
| 日　本 | 加入義務<br>あり | 加入義務<br>あり | 加入義務<br>あり<br>（20歳～） | 65歳<br>（国民年金）<br>男性 62歳<br>女性 60歳<br>（厚生年金保険） | 10年 |
| ドイツ | 加入義務<br>あり | 職種によ<br>り，加入<br>義務あり | 加入義務<br>なし | 65歳3カ月[※1] | 5年 |
| イギリス | 所得によ<br>り，加入<br>義務あり | 所得によ<br>り，加入<br>義務あり | 加入義務<br>なし | 男性 65歳<br>女性 62歳[※2] | 1年<br>※2016年4月6日<br>以降に65歳を迎える<br>人については10年 |
| 韓　国 | 加入義務<br>あり | 加入義務<br>あり | 加入義務<br>あり<br>（27歳～） | 61歳[※3] | 20年 |
| アメリカ | 加入義務<br>あり | 所得によ<br>り，加入<br>義務あり | 加入義務<br>なし | 66歳[※4] | 10年 |
| ベルギー | 加入義務<br>あり | 加入義務<br>あり | 加入義務<br>なし | 65歳[※5] | なし |
| フランス | 加入義務<br>あり | 職種によ<br>り，加入<br>義務あり | 加入義務<br>なし | 61歳2カ月[※6] | なし |
| カナダ | （OAS）<br>加入義務<br>あり<br>（CPP）<br>加入義務<br>あり | （OAS）<br>加入義務<br>あり<br>（CPP）<br>加入義務<br>あり | （OAS）<br>加入義務<br>あり<br>（CPP）<br>加入義務<br>なし | 65歳 | 老齢年金（OAS）<br>カナダ国内在住10年<br>カナダ国外在住20年<br>退職年金（CPP）なし |

| | | | | | |
|---|---|---|---|---|---|
| オーストラリア | (SG)<br>加入義務あり | 加入義務なし<br>(任意) | 加入義務なし | 65歳※7 | 10年<br>(うち5年は連続) |
| オランダ | 加入義務あり | 加入義務あり | 加入義務あり | 65歳2カ月※8 | なし |
| チェコ | 加入義務あり | 加入義務あり | 一部加入義務あり | ※9 | 30年 |
| スペイン | 加入義務あり | 加入義務あり | 加入義務なし | 65歳2カ月※10 | 15年※11 |
| アイルランド | 所得により，加入義務あり | 所得により，加入義務あり | 加入義務なし | 66歳※12 | 5年(260週)<br>(給付が2012年4月6日以降に開始される場合10年(520週)に引上げ) |
| ブラジル | 加入義務あり | 加入義務あり | 加入義務なし | 男性 65歳<br>女性 60歳 | 15年 |
| スイス | 加入義務あり | 加入義務あり | 加入義務あり | 男性 65歳<br>女性 64歳 | 1年 |
| ハンガリー | 加入義務あり | 加入義務あり | 加入義務なし | 62 歳6ヶ月 | 20年 |
| インド | 加入義務あり | 加入義務なし | 加入義務なし | 58 歳 | 10年 |
| ルクセンブルク | 加入義務あり | 加入義務あり | 加入義務なし | 65 歳 | 10年 |
| フィリピン | 加入義務あり | 加入義務あり | 加入義務なし | 65 歳<br>(退職していれば60歳) | フィリピン社会保障機構(SSS)による年金は10年 |
| スロバキア | 加入義務あり | 加入義務あり | 加入義務なし | 62歳6カ月※13 | 15年 |
| 中　国 | 加入義務あり | 加入義務なし | 加入義務なし | 男性 60歳<br>女性 55歳または60歳※14 | 15年 |

※1　ドイツ：1964年より後に生まれた者の受給開始年齢は67歳（1965年より前に生まれた者は　2012年から2029年にかけて65歳から67歳へ段階的に引き上げられる。2024年までは1年毎に1カ月，2025年からは1年毎に2カ月引き上げられる。）

※2　イギリス：女性の受給開始年齢は，2010年から2018年11月にかけて段階的に65歳まで引き上げられる。

※3　韓国：2013年に61歳，以降5年毎に1歳ずつ引き上げられ，2033年に65歳となる。

※4　アメリカ：2027年までに，受給開始年齢を67歳へ段階的に引き上げ中。

※5　ベルギー：在職期間が35年を超える場合，60歳からの受給可能。

※6　フランス：2011年7月1日より，1951年7月1日以降生まれの方は，受給開始年齢が2017年までに段階的に60歳から62歳へ引き上げられる。

※7　オーストラリア：男女とも2017年7月1日から2023年7月1日までの間に段階的に増加して67歳となる。

※8　オランダ：2012年7月から2023年までに段階的に月単位で67歳に引き上げられる。

※9　チェコ：老齢年金：62歳8カ月（男性）で加入期間30年以上，61歳4カ月（女性）で加入期間30年以上，または67歳8カ月（男性）66歳4カ月（女性）で加入期間20年以上。（退職年齢と必要加入期間は段階的に引き上げられ，2030年には65歳になり，加入期間は2019年に35年以上となる）。

※10　スペイン：2013年から2027年にかけて67歳に引き上げられる。

※11　スペイン：退職直前15年間のうち2年以上の連続期間が必要。

※12　アイルランド：2021年までに67歳に，2028年までに68歳に引き上げられる。

※13　スロバキア：1957年生まれの者の受給開始年齢。出生に応じて徐々に引き上げられている。

※14　中国：被用者基本老齢保険の場合

（日本年金機構ホームページより）

赴任者

# 3 アメリカ年金の受給

2005年10月の日米社会保障協定の発効により，過去に短期間アメリカで働いたことのある人も，日本の年金加入期間を通算することにより，アメリカの公的年金の受給が可能になりました。

## Ⅰ アメリカの老齢年金

アメリカでは，社会保障税を支払った期間（年金加入期間）が40クレジット（10年相当）以上ある場合に老齢年金の受給資格が得られます。逆にいうと，社会保障税の支払期間が10年未満の場合は，せっかく支払った社会保障税は残念ながら掛捨てとなります。

ただし，2005年10月１日に日米社会保障協定が発効されてからは，日本とアメリカの年金加入期間が相互に通算できるようになったため，アメリカで６クレジット（約１年半勤務）以上を保有したうえで，日本の年金加入期間を足して年金加入期間が10年（40クレジット）以上になる場合は，アメリカの年金が受給できるようになりました※。

日本での年金受給要件を満たしている場合は，日本とアメリカの両方の年金を受給することも可能です。

※ アメリカの年金加入期間は，暦年中の収入に応じて付与されるクレジットという単位でカウントされます。日米両国では，年金加入期間の単位が異なるために相手国の年金加入期間を自国の年金加入期間に通算する際には，アメリカの１クレジットを日本の３カ月の年金加入期間を同等の期間として換算します。

**ATTENTION**

**！ 短期滞在，企業留学等でアメリカの社会保障税が免除になっていた**
**！ アメリカで6クレジットを保有していない**

これらのケースではアメリカ年金の受給ができないため，まずは社会保障税の納付の記録や受給権の有無を確認するようにしてください。受給権の有無が不明の場合は，合衆国大使館領事部年金課（電話番号03-3224-5225）にお問合せが可能です。

## Ⅱ アメリカ年金の申請方法

日本とアメリカ間では年金通算協定が締結されているため，日本の年金事務所等で申請を行うことができます。また，共済組合員等期間がある方は各共済組合の窓口でも申請が可能です。

問合せ先（日本）：合衆国大使館領事部年金課
（電話番号03-3224-5225）
問合せ先（アメリカ）：社会保障庁　http://www.ssa.gov/

**図表2｜アメリカ年金の申請方法**

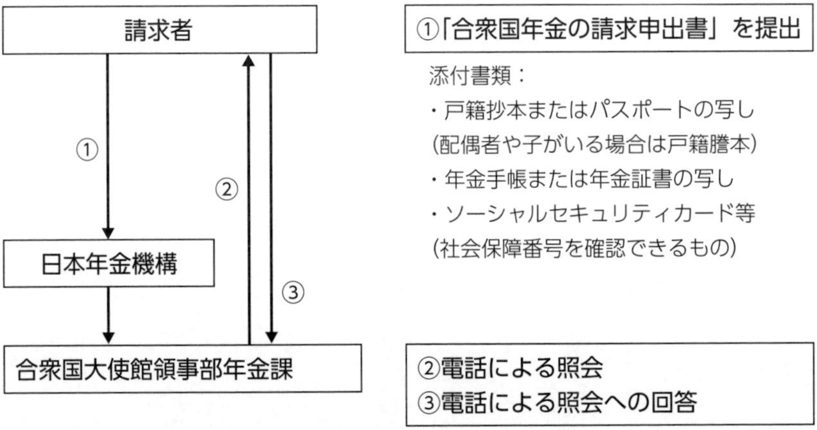

## Ⅲ 年金の受取方法

日本の年金は２カ月ごとに支払われますが，アメリカの年金は毎月の支払いになります。日本に在住している人は，以下の方法から選択して，受給することができます。

1．日本円による，日本国内の銀行口座への振込み

2．米ドルによる，アメリカ国内の銀行口座への振込み

（日本年金機構ホームページより）

# 合衆国年金の請求申出書

## 合 衆 国 年 金 の 請 求 申 出 書

Temporary Application for U.S. Social Security Benefits

| 年金事務所等受付印<br>又は共済保険者受付印<br>Stamp of liaison agency |
|---|
| |

A. 請求する合衆国年金の種類 / Type of U.S. Social Security Benefits Claimed

| | | |
|---|---|---|
| ☐ 退職 / Retirement<br>(家族年金を含む/Family benefits included) | ☐ 障害 / Disability | ☐ 遺族 / Survivors<br>(死亡一時金含む/Lump-sum death payment included) |

B. 被保険者（合衆国で就労していた方）/ Contributor / Worker　　平成　　年　　月　　日　提出

| 被保険者 | | | | |
|---|---|---|---|---|
| | ①氏<br>Last name | カタカナ/in Katakana letters<br>ローマ字/in Roman letters | ②名<br>First name | カタカナ/in Katakana letters<br>ローマ字/in Roman letters |
| | ③出生時の氏<br>Last name at birth | カタカナ/in Katakana letters<br>ローマ字/in Roman letters | ④生年月日<br>Date of birth | 年 Y　月 M　日 D |
| | | | ⑤性別<br>Gender | ☐ 男性/Male　☐ 女性/Female |
| | ⑥出生地<br>Place of birth | ローマ字/in Roman letters | ⑦死亡年月日<br>Date of death | 年 Y　月 M　日 D |
| | ⑧合衆国社会保障番号<br>U.S. Social Security Number (SSN) | / / | ⑪共済組合員等の期間 / Coverage under M.A.A. | 共済組合等加入時の勤務先の名称 / Name of workplace |
| | ⑨基礎年金番号<br>Japanese Basic Pension Number | – | ☐ 国共 / National Gov' M.A.A.<br>☐ 地共 / Local Gov' M.A.A.<br>☐ 私学 / Private School M.A. | |
| | ⑩日本の年金加入期間<br>Japanese periods of coverage | ☐ あり/Has　☐ なし/Does not have | | |

C.申請者 / Applicant（被保険者自身の場合は、①，②，③，④ のみ記入してください。）

If the applicant is same as B. above, please fill in only ①, ②, ③ and ④.

| 申請者 | | | | | |
|---|---|---|---|---|---|
| | ①氏<br>Last name | カタカナ/in Katakana letters<br>ローマ字/in Roman letters | ②名<br>First name | カタカナ/in Katakana letters<br>ローマ字/in Roman letters | ㊞<br>Seal |
| | ③住所<br>Address | 〒<br>カタカナ/in Katakana letters<br>ローマ字/in Roman letters | | | |
| | ④電話番号 ※<br>Telephone number (s)* | 自宅 Home telephone | (　　)－(　　)－(　　) | | |
| | | 携帯 Cell-phone | (　　)－(　　)－(　　) | | |
| | ⑤生年月日<br>Date of birth | 年 Y　月 M　日 D | ⑥性別<br>Gender | ☐ 男性/Male　☐ 女性/Female | |
| | ⑦被保険者との続柄<br>Relationship to the worker | | ⑧合衆国社会保障番号<br>U.S. SSN | / / | |

※ 請求内容を正式に聞き取るため、後日、記載された電話番号に在東京合衆国大使館領事部連邦年金課から連絡があります。

*Note: In order to confirm your application, the official in charge at the Federal Benefits Unit of the U.S. Embassy in Tokyo will contact you at your telephone number(s).

D. 配偶者または子 / Spouse or Child

| 配偶者 | | | | |
|---|---|---|---|---|
| | ①氏<br>Last name | カタカナ/in Katakana letters<br>ローマ字/in Roman letters | ②名<br>First name | カタカナ/in Katakana letters<br>ローマ字/in Roman letters |
| | ③生年月日<br>Date of birth | 年 Y　月 M　日 D | ④出生地<br>Place of birth | ローマ字/in Roman letters |
| | ⑤合衆国社会保障番号<br>U.S. SSN | / / | | |

| 子 | | | | |
|---|---|---|---|---|
| | ①氏<br>Last name | カタカナ/in Katakana letters<br>ローマ字/in Roman letters | ②名<br>First name | カタカナ/in Katakana letters<br>ローマ字/in Roman letters |
| | ③生年月日<br>Date of birth | 年 Y　月 M　日 D | | |

| 備　考 / Remarks | |
|---|---|

赴任者

# 4 イギリス年金の受給

日本とイギリスの間では年金加入期間の通算はできません。英国年金制度の改正により，2016年4月6日以降に英国の受給開始年齢に達した場合には，新制度が適用されます。

## Ⅰ イギリスの年金制度（新制度）

1951年4月以降生まれの男性及び1953年4月6日以降生まれの女性は，新制度で年金を請求できます。新制度においては，公的年金を受給するにはNational Insuranceに通算10年以上加入していることが条件となりました。

## Ⅱ 受給できる年金額

新制度のイギリスの年金は満額で毎週£168.60になっています。実際に受給できる金額は加入履歴によります。

## Ⅲ 帰国後の任意加入制度

加入期間が10年に満たないため受給資格がない場合には，日本に帰国した後も，イギリス年金制度に任意加入できる場合があります。

詳細はイギリス歳入庁のホームページをご参照ください。

## Ⅳ 受給開始年齢

平均寿命が延びていることに伴い，イギリス年金受給年齢は，2010年から2020年にかけて女性の対象年齢が65歳へと段階的に引き上げられ，2024年から2046年にかけて男女両方の受給年齢が68歳に段階的に引き上げられます。

詳細はイギリス政府のホームページをご参照ください。

## Ⅴ 年金の加入記録の確認方法

イギリス年金の受給資格について確認したい場合は，International Pension Centreへ問合せが可能です。International Pension Centreのホームページのフォームから質問を送信し，e-mail等で回答を受けることも可能です。

## Ⅵ 年金の申請方法

あらかじめ日本国内の住所をInternational Pension Centreに届け出ておくと，イギリス年金受給年齢に達する4カ月程前に，担当局より届け出た住所宛にイギリス年金申請用紙が郵送されます（日本とイギリス間では現在，年金通算協定が結ばれていないため，日本の年金事務所経由で申請をすることができません)。

## Ⅶ 年金の受取り方法

4週間に1回，受給者の選択により英国の銀行口座，もしくは在住国の銀行口座に振り込まれます。具体的な支払日は社会保険番号によります（社会保険番号の末尾2桁が00から19は月曜日といったように定められています)。支払日が休日の場合には，前営業日に支払われます。

問合せ先
International Pension Centre（IPC)
Online enquiry form：https://secure.dwp.gov.uk/ipc/personal-details
Twitter：https://twitter.com/DWPOverseas
Address：The Pension Service 11，Mail Handling Site A，Wolverhampton，WV98 1LW，United Kingdom
※　すべて英語での対応になります。
（厚生労働省ホームページ，駐日英国大使館ホームページより）

会社

# 5 帰国後すぐに退職する場合の失業保険

帰任後，日本で6カ月以上の勤務がない状態で退職する場合，失業給付がもらえなくなったり額が下がったりしないように，離職証明書の記載に留意が必要です。

第5章「2　失業給付の受給要件」で説明したように，失業給付を受給するためには，以下の要件を満たしている必要があります。

① いつでも就職できる状態にあること

② 被保険者期間※

※　原則として離職の日以前2年間に，離職の日から遡って1カ月ごとに区切った期間に，賃金の支払いの基礎となった日数が11日以上ある月が12カ月以上あり，かつ，雇用保険に加入していた期間が満12カ月以上あることを要します。

海外赴任から帰任し，いったん日本で働いた後すぐに退職した場合は，②の被保険者期間の要件を満たさず失業給付の受給ができないこともありますが，「失業給付の受給要件」で説明した失業給付受給要件の緩和に該当すれば失業給付を受給することは可能です。

また同章「3　離職証明書の記載例」でも説明したように，離職直前の6カ月間に国内給与が支払われていないか，国内給与の額が減額されている場合には，失業給付が受給できなくなったり受給額が下がったりしないように，離職証明書の備考欄に海外赴任をしていた旨の記載をします。

離職証明書をハローワークに提出する際にも，赴任中の退職と同様に，海外赴任をしていた事実を証明する確認資料（辞令など）を添付します。

※　この取扱いができるのは，214頁「2　赴任中の退職　失業給付の受給要件」で説明した受給要件の緩和に該当する場合のみになります。よって4年を超える期間を遡って失業給付の算定対象とすることはできません。

# 2 給与に関する手続

会社

## 1 帰国月の給与

海外赴任者が帰国した際の給与に係る所得税は，帰国日から居住者として扱われるため，国内源泉所得・国外源泉所得にかかわらず，全額が居住者として課税対象とされます。

わが国の場合には，１年以上の予定で日本に居住する者は入国の日の翌日から居住者とされるので，帰国日の翌日から日本の居住者となります。（所基通2-4）

日本の所得税法における居住者は，国内源泉所得だけでなく国外源泉所得に対しても課税されるため，赴任時のように国内勤務分だけが課税対象となるような措置はなく，支払った給与や賞与のすべてが課税対象とされます。

例えば，７月25日に支払われる給与のうち，７月１日～７月20日までが海外勤務に係るものとします。しかしながら，給与支給日となる７月25日の時点では居住者となりますので，20日までの海外勤務期間に係る給与については「居住者の国外源泉所得」となり，結果日本で課税されることになります。

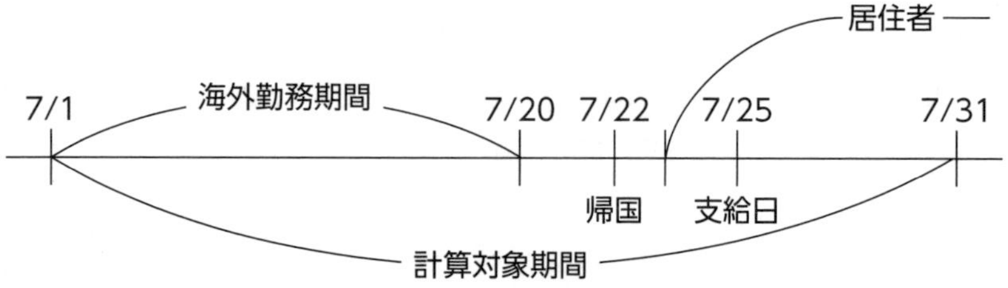


結果として，海外赴任から帰国した際の給与は，給与支給日にすでに帰国しており，居住者となっている場合は，支払対象となる勤務が海外赴任期間中のものであっても，出国時の給与や賞与に対する課税の考え方と異なり，全額日本での課税対象とされます。具体的には支給額金額を対象に月額表甲欄によっ

て源泉徴収を行います。

**ATTENTION**

給与・賞与の支払日の前日までにあらかじめ「給与所得者の扶養控除等（異動）申告書」が提出されている必要があります。

会社

## 2　赴任中の所得税を会社が負担した場合

社員を海外子会社に出向等させる場合，海外勤務に係る給与手取額が国内勤務の場合の手取額を下回らないように「留守宅手当」や「海外勤務手当」などを支給している企業は多いです。また，現地において課せられる個人所得税について，日本本社や，現地法人が会社負担としているケースも多く見られますが，本来社員個人に課せられ，社員が負担すべき租税公課を会社が肩代りしていることから，その負担額は諸手当同様，いずれが負担を行ってもその金額は本人の給与として課税対象となります。

### Ⅰ　海外赴任中の所得税の負担分の取扱い

非居住者である海外勤務者の海外勤務期間中の給料・賞与は，その海外勤務者が海外の勤務地において勤務に係る給料・賞与ですので，日本国内で払われる給与であっても，現地法人から支払われる給与であっても，基本的には赴任先の国の課税となります。

また，個人に納税の義務がある所得税を，使用者である会社が負担した場合は，その個人の義務である納税すべき債務を肩代りしたとみなされ，会社が従業員に経済的利益の供与をしたと考えられ，所得税法上は，会社が負担を行った時点でその個人に賞与の支給をしたと解されみなし課税が行われます。

しかしながら，非居住者である海外勤務者の現地課税の所得税を会社が負担しても，その負担税額は国外勤務に係る給与についての負担となるので，日本での課税対象にはなりません。

### Ⅱ　帰国後の所得税の負担分の取扱い

海外勤務者の帰国後に会社がその外国所得税を負担して納税する場合は，その外国所得税が海外勤務者の非居住者期間に発生したものであるとしても，個人所得税の会社負担による経済的利益は，具体的にその所得税が納付された時に発生するので，居住者に対する給与・賞与として課税を行わなければなりません。

**ATTENTION**

前述のように，外国所得税を海外勤務者が帰国した後に会社が負担すると日本での課税が発生します。

海外出向時の現地の所得税はすべて会社負担としている場合は，外国所得税額から逆算し，支給額に税金手当を加算するようにします。

このような計算方法をグロスアップ計算といいます。

会社

## 3　帰国後に支払われる賞与

帰国後直後に支払われる賞与も，全額課税対象となります。これは，出国後に支払われる賞与の計算のように国内勤務・国外勤務について時期を判定して按分した場合とは異なりすべてが課税対象となります。

賞与の税額の算出については，中途入社の人の賞与の支払いの際と同様の考え方に基づき，算出します。

帰国後に支払われる賞与については，その支払額の計算期間のすべてが国外勤務期間であっても，居住者となっているため，課税対象所得になるので，賞与の支払額から所得税を源泉徴収しなければなりません。

賞与については，前月の給与から社会保険料控除後の金額を「賞与に対する源泉徴収税額の算出率の表」に当てはめて，賞与の金額に乗ずべき率を求め，賞与から社会保険料控除後の金額にこの税率を掛けて求めた金額で税額を算出します。

帰国後賞与を支払う前に給与を支払っていない場合は，賞与から社会保険料等を差し引いた金額を６で割った金額を「月額表」に当てはめて税額を求め，これを６倍したものが賞与から源泉徴収する税額となります。

※　賞与の計算期間が半年を超える場合には，６を12に読み替えて計算します。

また，海外勤務者に対して帰国直後に支払う給与・賞与について，勤務地である外国においても所得税に相当する税が課税され，二重課税となった場合は日本で確定申告を行い，外国税額控除を受けることによって二重課税を調整することになります（「１　外国税額控除とは」をご参照ください）。

# 4 帰国した年の年末調整・確定申告

海外赴任から帰国した社員は，居住者になってから給与等の支払いがある場合，年末調整の対象となります。
また，給与以外の所得が一定以上ある場合は，確定申告を行う必要があります。

## Ⅰ 年末調整について

年末調整は，帰国後に支払われた給与・賞与の額の合計が2,000万円以下である人が対象となります。

この場合，帰国後居住者となってから支払った給与・賞与等はすべて課税対象となります。

対象期間が国外勤務に係るものであっても，居住者となっている場合は，全額が課税対象となりますので，出国時の年末調整の際のように対象となるか否かの選別は不要で，あくまで帰国後に支払われたものすべてを対象とします。

## Ⅱ 確定申告について

会社から支払われる給与については上述のとおり年末調整を会社にて行います。

一方，給与所得以外の国内源泉所得が20万円を超える場合は，帰国前の国内源泉所得と帰国後のすべての所得を合計して計算した額で確定申告を行う必要があります。

このほか，医療費控除や雑損控除，寄附金控除などの各所得控除がある場合も確定申告が必要です。

この際に申告できる額は，帰国し居住者となった後に支出した額であり，非居住者期間は対象とならないので，きちんと整理をしたうえで申告を行いましょう。

赴任者＆会社

## 5　帰国後の住宅ローン控除の再適用

海外赴任前に購入した住宅に対して住宅ローンの控除を帰国後に受ける場合は，再度税務署に手続を行うことで，適用を受けることができます。

帰国後に再度住宅ローン控除の適用を受けるためには，「その家屋を居住の用に供しなくなる日（＝出国する日）」までに「転任等の命令により居住しないこととなる旨の証明書」を提出している必要があります（詳細は，第3章②「12　住宅ローン控除」をご参照ください）。

### Ⅰ　帰国後に再度適用を受ける際の手続

海外赴任から帰国後，再居住での適用を受けるためには，以下の書類を持って確定申告をします。

①　（特定増改築等）住宅借入金等特別控除額の計算明細書（再び居住の用に供した方用）

②　住宅取得資金に係る借入金の年末残高等証明書

③　住民票の写し

④　給与所得の源泉徴収票

### Ⅱ　年末調整での還付

確定申告をして再適用を受けた翌年からは，赴任前と同様に年末調整にて，住宅ローン控除を受けることができます。

年末調整によってこの控除を受ける際には，必要事項を記載した再居住者用の「給与所得者の住宅借入金等特別控除申告書」，「年末調整のための住宅借入金等特別控除証明書」および金融機関等から交付を受けた「住宅取得資金に係る借入金の年末残高等証明書」を年末調整を受ける時までに，会社に提出します。

赴任者＆会社

## 6 人的控除と物的控除の取扱い

帰国後の年末調整も出国時の年末調整と同様の考え方のもと処理を行います。通常の年末調整と同様に帰国後に支払われた給与について処理をしますが，人的控除の判定と物的控除については若干判断が異なります。

人的控除に関しては，１年分，物的控除に関しては，帰国日からのものを対象とします。

### Ⅰ 人的控除の取扱い

控除対象配偶者，扶養親族の判定においては，通常の年末調整時と同様に12月31日の現況より判定します。

なお，配偶者控除等に関する所得額の要件は，居住者期間の合計所得金額で判定します。よって配偶者が帰国前に海外で収入を得ていてもそれが国内源泉所得でなければ居住者期間の所得には含めないことになります。

### Ⅱ 物的控除の取扱い

社会保険料控除，小規模共済等掛金控除，生命保険料控除および地震保険料控除においては，該当する者が居住者であった期間内に支払った社会保険料，小規模共済等掛金，生命保険料，地震保険料が控除の対象となり，帰国前に支払った金額に対しては，対象となりません。

つまり，社会保険料に該当するものとはいえ，日本の法律に基づくものであること（日本での社会保険加入によるもの），生命保険料については，日本の保険会社と契約したものであっても，非居住者期間に支払ったものは入れることはできず，あくまで居住者期間になってから支払ったもののみが，控除対象となります。

保険契約によっては，月々の支払いではなく年に一度の支払いとなるものもあるため，個別に保険契約を確認して，適切に処理をする必要があります。

赴任者＆会社

# 7　帰国後の住民税課税の考え方

住民税は，所得税とは異なり，前年の所得に対する税金の後払いとなり，1月1日の現況により賦課課税されます。

課税対象となる年に非居住者期間と居住者期間が混在する場合は，非居住者期間に生じた国内源泉所得と，居住者期間に生じた所得をそれぞれの区分にて計算をして税額を算出します。

・　1月1日に日本に住所を有していないこと（一時出国である場合を除く）
・　1月1日に住所を有していても引続き1年以上住所を有さず出国した場合は，課税の取消しが可能

上記2点が所得税の課税と大きく異なる点です。

上述の通り，個人に係る住民税は，原則として前年の所得に対して課税する前年課税所得制度がとられています。

1月1日に住所を有しているかにより判定されるため，賦課期日となる1月1日に国内に住所を有していれば，1月1日の属する年の住民税は課税されることになり，前年の所得に対する住民税の納税義務を有することになります。この場合の住民税の納付開始は6月からとなります。

仮に年末に帰国した場合，翌年1月1日には居住者となるので，翌年度支払う住民税は発生することになりますが，居住者としての給与・賞与の額が100万円以下の場合，住民税は課税されないため，帰国の翌年の6月から徴収される住民税は，発生しない場合が多いでしょう。

留意すべき点としては，赴任国がアメリカである場合です。12月31日までアメリカに滞在していないと連邦税のJoint Return（夫婦合算申告）ができず，

こちらで数十万円の損になるケースもあるようです。アメリカでは，夫婦別々で申告することもできますが，合算して申告することもできます。合算申告の場合には，基本控除額が上がる点と，有利な税率が選択可能になるため，通常夫婦であれば合算して申告をした方が減税になります。

単純に日本での住民税の減税だけでなく，帰国時期や納税時期について赴任先の税法をきちんと調べておいた方がよいでしょう。

赴任者

# 1 住民登録手続等

帰国（一時帰国は除く）した場合は，市区町村に転入届の提出が必要になります。

海外赴任が終わって日本に帰国した直後は，職場の雰囲気や業務に早く慣れないといけなかったり，引越し荷物を片付けないといけなかったりと，いろいろ慌しいことと思います。そんな忙しい中でも忘れてはいけない手続について紹介します。

## I 転入届

帰国し1年以上国内に居住する場合は，市区町村に転入届の提出が必要です（住民基本台帳法22条）。

〈提出書類〉

転入届

〈添付書類〉

① 帰国日が記入されているパスポート（自動化ゲートを利用した場合は，飛行機搭乗券の半券等入国日が確認できるもの）

② 本籍地が住所地と違う時は，戸籍謄本および戸籍附票

③ 本人確認書類

④ 通知カードまたはマイナンバーカード

〈届出窓口〉

市区町村窓口

〈届出期間〉

転入した日から14日以内（事前の届出はできません）

## Ⅱ 印鑑登録

海外赴任前のものは無効になっているので，住民登録地であらためて行う必要があります。

## Ⅲ その他

現地通貨決済型の国際クレジットカードを日本で使用すると，支払いの際に為替手数料がかかってしまいます。赴任前に日本のクレジットカードを解約してしまった場合は，帰国後早めに新規申込み手続を行っておくと便利です。

赴任者

## 2 帰国子女の教育機関

家族を海外赴任に帯同させる場合，赴任先での学校選びと同様に，帰国時の学校選びも慎重にしなければなりません。

帰国時の年齢が義務教育期間の場合は，帰国して転入届を提出した市区町村の学校への編入が第一に考えられます。

また，選択肢としては，帰国子女枠のある国立・私立校への編入が考えられます。

国立校の場合，多くが，海外生活が２～３年以上で帰国から半年～１年以内であることを要件とする学校が多く見られます。帰国子女学級を設置している学校もあれば，普通学級への混合受入れ方式にて受け入れている学校があるため，転入先の地域の国立校が帰国子女の編入を受け入れているかどうかを調べておくとよいでしょう。また，通学地域・通学時間などの制限もあるため，国立校への編入を考えている場合は，転入先の住所についても，通学を考慮して決める必要があるでしょう。入学時期についても，随時受入れをする学校と入学試験を決まった時期にする学校があるようですので，事前に確認が必要です。

私立校の場合においては，海外生活の期間については学校により様々です。多くは１年以上の海外滞在で帰国後１年以内である場合が国立校同様多く見られますが，入学時期については一定時期の入学試験を経ての入学となる場合が多いようです。

帰国のタイミングと編入学のタイミングが合うとは限らないため，帰国がわかった段階で，帰国後の転入先での学校を探し，条件が合うかどうかを調べたうえで，少しずつ日本の学校や日本語に慣れる生活をして，少しでも編入後の学校生活においてストレスが軽減できるよう準備をしておいた方がよいでしょう。

海外生活の経験で得た，語学力や視野の広さを強みとして，新生活を充実させることも可能ですが，日本語の遅れにより授業へなかなかなじめないなどの問題点も少なくありません。

赴任期間中も日本の文化に少しでも触れさせるなどをして，赴任期間が終了し，帰国をした際の生活を視野に入れておくことも必要です。

（(株)リロケーション・インターナショナル「海外赴任navi」ホームページより）

## 【参考文献】


『改定新版　海外勤務者の税務と社会保険・Q&A』三菱UFJリサーチ＆コンサルティング㈱藤井恵，清文社

『国境なき人事　クロスボーダーの税務・社会保険・労務入門』グラントソントン太陽ASG税理士法人，税務経理協会

『Q&A 海外勤務者に係る税務』川田剛，税務経理協会

『労政時報』第3963号（2018.12.24），株式会社 労務行政

『週刊税務通信』，税務研究会

『配転・出向・降格の法律実務』編著：石嵜信憲，著：延増拓郎・宮本美恵子・田中朋斉，中央経済社

『就業規則の法律実務　第２版』編著：石嵜信憲，著：義経百合子・爲近幸恵・小森光嘉・星野菜露子・髙安美保・田中朋斉，中央経済社

『海外赴任2012リロケーションガイド』リロケーションインターナショナル／エヌ・エヌ・エー，株式会社キョーハンブックス

『海外赴任ガイド 2012年度版』JCM，水声社

『到着から帰国まで 2012年度版』JCM，水声社


## 【参考URL】


日本年金機構　http://www.nenkin.go.jp/n/www/index.html

全国健康保険協会　http://www.kyoukaikenpo.or.jp/

ジェトロ海外情報ファイル（J-FILE）　http://www.jetro.go.jp/world/

※ 「海外拠点の設置」については，ジェトロ海外情報ファイル（J-FILE）（http://www.jetro.go.jp/world/）などを参照しています。

外務省 海外安全ホームページ　http://www.anzen.mofa.go.jp/

法務省 入国管理局　http://www.immi-moj.go.jp/

法務省 国籍　http://www.moj.go.jp/MINJI/kokuseki.html

国税庁　http://www.nta.go.jp/

㈱リロ・エクセルインターナショナル　海外赴任navi　http://world.relocation.jp/

海外いろは　http://www.faminet.co.jp/

米国大使館　http://japanese.japan.usembassy.gov/

U.S. Department of Health & Human Services　http://www.healthcare.gov/index.html

在中英国大使館　http://ukinjapan.fco.gov.uk/ja/

公益財団法人 海外子女教育振興財団　http://www.joes.or.jp/


## 【情報提供】

社会保険労務士法人グローバルHR　特定社会保険労務士　小玉潤　http://www.srglobalhr.com/

※　中国労働法，中国社会保障制度など

株式会社 リロケーション・インターナショナル　http://www.relocation-international.co.jp/

# 索引
# INDEX

## 【た行】



## 【な行】



## 【は行】



## 【や行】



## 【ら行】

## CSアカウンティング株式会社

国内最大級の会計・人事のアウトソーシング・コンサルティング会社であり，約150名の公認会計士・税理士・社会保険労務士などのプロフェッショナル・スタッフによって，上場企業や中堅企業を中心に会計・税務，人事・労務に関するアウトソーシング・コンサルティングサービスを提供している。

会計，税務，購買管理，販売管理，給与計算，社会保険，会計・人事のクラウドコンピューティングサービスなどクライアントの要望・形態等に合わせたサービスで，会計・人事の課題をワンストップで解決している。

◇東京本社

〒163-0630　東京都新宿区西新宿1-25-1 新宿センタービル30階

TEL 03-5908-3421(代表)／FAX 03-5339-3178

著者との契約により検印省略

平成24年12月15日 初 版 発 行
令和２年３月15日 改 訂 版 発 行

海外赴任者の労務〔改訂版〕
―給与・社会保険・労働保険―

著 者 ＣＳアカウンティング株式会社
発行者 大 坪 克 行
印刷所 税経印刷株式会社
製本所 牧製本印刷株式会社

発行所 〒161-0033 東京都新宿区下落合２丁目５番13号 株式会社 税務経理協会
振 替 00190-2-187408 電話 (03)3953-3301（編集部）
ＦＡＸ (03)3565-3391 (03)3953-3325（営業部）
URL http://www.zeikei.co.jp/
乱丁・落丁の場合は，お取替えいたします。

© ＣＳアカウンティング株式会社 2020 Printed in Japan

本書の無断複写は著作権法上での例外を除き禁じられています。複写される場合は，そのつど事前に，(社)出版者著作権管理機構（電話 03-3513-6969，FAX 03-3513-6979，e-mail：info@jcopy.or.jp）の許諾を得てください。

JCOPY <(社)出版者著作権管理機構 委託出版物>

ISBN978-4-419-06684-0 C3034